유튜브 기록장

영상을 '보고', '듣는' 유튜브 시대, '쓰고', '행동'하는 1%

유튜브 시청은 이제 일상이 되었습니다. 지하철이나 버스 안에서 유튜브를 보는 사람을 찾는 건 어렵지 않습니다. 사람들과의 대화 속에서도 유튜브는 자주 등장합니다. "어제 이 영상 봤어?"라든가, "내가 보는 유튜버가 그러는데……"라든가 말이죠. 어플리케이션 분석서비스 와이즈앱이 국내 안드로이드 스마트폰 사용자 4만 명을 대상으로 조사한 결과에 따르면 1인당 한 달 평균 유튜브 이용시간은 2019년 8월 기준으로 1391분이라고 합니다. 하루 1시간 정도 영상을 보는 셈입니다.

고단한 하루를 보내고 집에 돌아와서는 더욱 강력한 영향력을 발휘합니다. 2017, 2018년 DMC 미디어 조사에 따르면 우리나라 사람들은 오후 6시부터 유튜브 시청시간이 서서히 늘기 시작한다고 합니다. 그리고 오후 9시에서 자정 사이는 절정에 이르고요. 이부자리에 누워 내가 좋아하는 영상을 보며 달콤한 휴식을 취하는 사람들이 많은 것이지요.

유튜브가 마냥 유흥의 영상만 보여주는 것은 아닙니다. 2018년 시장조사기업 엠브레인과 유튜브가 15~69세 이용자 1000명을 대상으로 '유튜브 러닝 콘텐츠 활용 현황' 조사를 진행했는데, 이용자들은 이틀에 한 번꼴로 러닝 관련 콘텐츠, 즉 공부와 관련된 콘텐츠를 시청한 것으로 나타났습니다.

사람들은 저마다의 목적에 따라 유튜브를 봅니다. 재미있어서, 힐링을 위해서 혹은 배움을 위해서 유튜브를 봅니다. 그런데 대부분은 '보고', '듣는' 데서 그칩니다. 열심히 콘텐츠를 소비하지만 자신을 위한 '행동'으로 옮기는 사람들은 매우 적은 편입니다.

저는 '유튜브랩'을 운영하면서 2018년과 2019년 2년 동안에만 940회 이상의 강의와 강연을 진행했습니다. 오프라인에서 만난 사람들은 1만 명을 훌쩍 넘는데요, 그중 6개월 이상 지속적으로 유튜브 콘텐츠를 생산하는 사람들은 100명이 채 되지 않습니다. 짧게는 서너 시간 길게는 600시간 이상 수업을 들은 사람들 중 무엇이 100명과 9900명의 차이를 만들었을까 궁금했습니다. 그 이유를 찾기 위해서 늘 고민했죠.

유튜브뿐 아니라 다양한 곳에서 두각을 나타내는 수강생, 컨설팅 대상자들을 살펴보니 목표와 목표에 도달하기 위한 노력들은 제각각이었지만 공통점이 있었습니다. 모두 자신만의 방법으로 콘텐츠를 분석하고 관련해 메모와 기록을 열심히 하는 사람들이었습니다. 모두에게 동일하게 주어진 24시간을 활용하는 모습을 보며 기록의 힘을 다시 한

번 느꼈습니다.

저 또한 메모와 기록을 많이 하는 편입니다. 휴대폰 메모, 아이패드 메모, 컴퓨터 메모를 제외하고 평상시 다이어리를 네 개 사용합니다. 기본적인 일정을 쓰는 다이어리, 강의 및 강연에 대한 일정만 정리하는 다이어리, 콘텐츠 아이디어와 콘텐츠 감상을 쓰는 다이어리, 빠르게 해결해야 하는 일들을 정리하는 수첩입니다. 이 다이어리들 속의 인사이트를 바탕으로 연간 270회의 강의 활동, 주 3회의 유튜브 활동, 책 출간, 독서 및 자기계발, 사업 활동도 해낼 수 있었습니다.

누구나 자신이 원하는 목표를 이루기 위해 통찰력을 기를 수 있는 체계적이고 효율적인 방식의 기록을 위해서 많은 고민과 실습을 거듭하여 나온 것이 바로 이《유튜브 기록장》입니다.

유니버시티 칼리지 런던의 심리학자 필리파 랠리는 새로운 습관이 자리를 잡기까지 걸리는 시간을 평균 66일로 보았습니다. 저는《유튜브 기록장》

을 최소 3개월은 써보는 것을 권합니다. 《유튜브 기록장》을 '쓰고', '행동'하는 것까지 포함하여 완전히 내 몸에 익숙해질 때까지를 3개월로 본 것이죠. 이 기간 동안 《유튜브 기록장》을 사용하면 여러분도 제가 만난 1% 중 한 사람이 될 수 있을 거라 믿습니다.

- 강민형

목차

들어가며
영상을 '보고', '듣는' 유튜브 시대, '쓰고', '행동'하는 1%   3

- 유튜브를 기록해야 하는 이유   10

- 결심을 실천으로 이끄는 질문들   22

- 쓰는 것만으로 얻게 된 삶의 이로움   35

- 편안하고 재미있게 활용할 수 있는 팁   39

- 유튜브 기록장 사례 예시   44

- 나의 유튜브 기록장   52

- 1년 목표 한눈에 보기   198

유튜브를 기록해야 하는 이유

1. 유튜브 영상을 통해 목표한 바를 이룰 수 있다.

'유튜브 공부족'이라는 말을 들어보셨나요? 유튜브 공부족은 유튜브 영상을 공부용으로 활용하는 시청자들을 일컫는 말입니다. 유튜브를 배움의 도구로 사용한 후, 책 구입이나 학원 수강이 감소했다는 시청자가 반이나 됩니다('유튜브 공부족' 2명 중 1명 "학원·도서 활용도 줄었다", 〈중앙일보〉, 2018.11.05.). 외국어 학습의 경우에는 연간 79만 원 정도의 수강료를 절약할 수 있다는 발표도 있습니다. 유튜브 공부족은 유튜브를 킬링타임용이 아닌 자기계발의 도구로 활용할 수 있다는 것을 충분히 보여주는 사례입니다.

<유튜브를 통해 배울 수 있는 다양한 분야들>

분야				
DIY	악기	N잡	동기부여	독서
음악	요리	부업	시험 준비	운동
미술	목공	창업	자격증 대비	명상
유튜브 크리에이터	인테리어	재테크	외국어 공부	다이어트

위에 보이는 표는 유튜브를 통해 배울 수 있는 분야들을 간략하게 정리한 것입니다. 이외에도 다양하고 세분화된 콘텐츠들이 넘쳐납니다. 이 중에서 시작하고 싶은 것이 있으신가요? 하나도 좋고, 여러 개도 좋습니다. 영상을 꾸준히 시청하면서 기록장을 써보세요. 원하는 결과에 도달한 자신을 만나실 수 있을 겁니다!

2. 이 기록장은 시청으로 시작해 결심-분석과 평가-성찰-행동으로 이끈다.

유튜브 전문 교육 영상을 300개 이상 업로드하며 주목한 것은 바로 '유튜브 리터러시'입니다. 유튜브 리터러시란, 유튜브 콘텐츠를 읽고 쓰는 능력을 말합니다. 유튜브 리터러시를 설명할 때는 신문이나 잡지, TV, 라디오 등의 매체를 읽고 쓸 줄 아는 능력인 '미디어 리터러시'의 연구를 자주 차용하곤 합니다.

로드아일랜드대 미디어 교육 연구소장인 르네 홉스Renee Hobbs가 2010년에 진행한 '디지털과 미디어 리터러시 연구Digital and Media Literacy: A Plan of Action'를 살펴보면 미디어 리터러시의 구성 요소를 크게 5가지로 설명하고 있습니다.

① 접근access: 미디어를 익숙하게 이용하고, 적절한 정보를 다른 사람에게 공유하는 능력

② 분석과 평가analysis and evaluation: 저자, 의도, 관점을 이해하고 다양한 형태의 메시지, 정보를 분석하며 내용의 질과 신빙성을 평가하는 능력

③ 창조creation: 미디어 활용 기술을 중심으로 정보를 다

양한 형태의 콘텐츠로 제작하는 능력

④ 성찰reflection: 사회적 책임과 윤리적 기준을 적용하여 스스로의 미디어 활동, 커뮤니케이션 활동을 돌아보는 능력

⑤ 행동action/agency: 개별적 혹은 협력적으로 활동하며 정보를 나누고, 문제를 해결하는 사회적 행동을 취하는 능력

이 기록장은, 시청에서 머물던 우리를 행동하게 하는 힘이 있습니다. 단순 접근에 해당하는 '시청'에서 단계별로 나아가 활동을 이끌어낼 수 있도록 구성했습니다. 유튜브를 활용하여 자기계발에 도움이 되도록 질문들을 엄선하여 탄생한 것이 이 기록장입니다.

3. 진도를 체크할 수 있기 때문에 포기하지 않게 된다.

하나의 목표를 이루기 위해서는 시간이 필요합니다. 유명 유튜브 크리에이터들은 반짝 스타로 알려

진 경우가 많습니다. 그런데《그들은 어떻게 유튜브 스타가 되었는가?》를 집필하기 위해 유튜브 스타들의 인터뷰나 강연으로 알아낸 사실은, 유명 유튜브 크리에이터들은 오랜 시간 동안 내공을 쌓은 경우가 대부분이었다는 것입니다. '노력하는 사람들이 모두 성공하지 못한다고 해도 성공한 사람들 중에 노력하지 않은 사람은 없었다'는 유명 작가의 말이 집필 도중 계속 떠올랐습니다.

장기적인 목표를 세우는 것은 어렵지 않지만, 유지하는 것이 어렵고, 목표를 이루는 것은 더욱 힘든 일입니다. 길게만 느껴지는 도착지점이 힘겹다면, 《유튜브 기록장》과 함께 해보세요. 내 꿈의 여정은 어디까지 왔는지 진도를 체크할 수 있습니다. 진도 체크가 되니까 스스로 다독이며 과정을 이어갈 수 있습니다.

4. 기록장을 펴는 것만으로도 매일매일 동기부여가 된다.

기록장을 펴는 것만으로도 목표를 자주 접하게 됩

니다. 이는 우리가 목표를 이루는데 큰 동기부여가 되지요. 1953년 미국의 예일대학교 졸업생, 1979년 하버드대학교 MBA 과정 졸업생을 대상으로 한 조사에 따르면 단 3%만이 인생의 구체적인 목표와 계획을 글로 써서 제출했다고 하죠. 각각 예일대학교는 20년 후, 하버드대학교는 10년 후 그들을 추적한 결과는 많이 들어보셨을 겁니다. 졸업할 당시 구체적인 목표가 있다는 3%의 졸업생들이 나머지 97%의 졸업생들보다 훨씬 더 많은 부와 사회적 지위를 누리고 있었다는 것을요.

다른 시기, 다른 대학교에서 열린 시험인데도 불구하고 구체적인 목표를 '쓴' 사람이 3%밖에 안 된다는 것이 참 신기합니다. 《유튜브 기록장》에 자신의 목표와 기록을 남겼다면 이미 3%의 사람들과 같다고 생각합니다. 《유튜브 기록장》을 자주 꺼내 보면 미래의 멋진 모습이 계획한 것보다 훨씬 더 빨리 찾아올 거예요!

5. 유튜브를 활용하는 능력을 높일 수 있다.

《유튜브 기록장》의 가장 큰 매력은 바로 유튜브를 활용하는 능력을 높일 수 있다는 점입니다. 구글 코리아와 구글 에듀케이터 그룹 사우스 코리아와 함께 유튜브 기능 활용 능력을 높이는 시리즈를 제작한 적이 있는데, 유튜브 기능을 잘 사용하면 교육에 얼마나 큰 도움이 되는지 확인할 수 있는 경험이었습니다.

예를 들면, 하나의 목표를 달성하기 위함이라면 여러 정보를 얻기 위해서 자주 검색을 하게 될 텐데요. '채널', '조회수', '업로드 날짜' 등을 기준으로 하는 '검색 필터'를 통해 원하는 자료를 더욱 쉽고 빠르게 찾을 수 있습니다. 외국어 공부를 할 때 유튜브에서 제공하는 '자막'을 볼 수도 있고요. 자주 보는 영상들만 모아 나만의 '재생 목록'을 꾸릴 수도 있습니다. 특정 부분을 재생할 수 있도록 댓글로 '타임 스탬프'를 찍기도 합니다.

이 외에도 유튜브에서는 사용자들에게 다양한 기

능을 제공하고 있습니다. 효율적으로 유튜브를 보는 능력이 탐나신다면 《유튜브 기록장》을 쓰시는 것을 적극 추천합니다.

6. 풍부한 경험과 노하우를 지닌 멘토들을 만날 수 있다.

삶의 변화와 성장을 위해 가장 좋은 방법은 무엇일까요? 바로 '만남'입니다. "사람은 만남으로 자란다. 만남은 기적이다." 제가 멘토로 활동 중인 웨즈덤 Wesdom 인생학교의 슬로건입니다. 얼마 전까지만 하더라도 기적과 같은 만남을 위해서는 실제로 같은 시간과 같은 공간에 얼굴을 맞대어야 했습니다. 그런데 이제는 유튜브를 통해서 얼마든지 세계의 멘토들과의 만남이 가능합니다.

저는 언제 어디서나 능력 향상을 도와주는 개인 멘토들을 만납니다. 제 멘토를 소개하자면, 유튜버의 유튜버라 불리는 케이시 네이스탯, 사지 없는 인생의 대표이자 연설가인 닉 부이치치, 캐나다의 임상심리학자이자 토론토 대학교의 심리학 교수 조던

피터슨, 미국의 마이크로소프트 설립자 빌 게이츠입니다. 세계 유수의 멘토들을 제가 원할 때마다 만날 수 있습니다. 이 멘토들과의 만남을 기록장에 고스란히 담아 그들의 풍부한 경험과 노하우를 제 삶에 녹이고자 합니다.

여러분도 만나고 싶은 멘토가 있으신가요? 외국어가 출중하지 않아도, 외국까지 갈 시간과 비용 없이도 그들의 견해를 유튜브를 통해 바로 배울 수 있습니다. 그리고 그 배움을 내 삶에 적용할 수 있게 됩니다.

7. 결과적으로 내 삶과 생각을 돌아보는 시간을 가지게 된다.

바야흐로 일기의 시대입니다. 색다른 주제의 일기를 쓰는 방법과 일기장들이 인터넷과 서점, 문구점에 즐비합니다. 종류를 살펴보면 특정 표현을 통해 자존감을 일깨우는 감사 일기, 칭찬 일기, 걱정 일기는 익숙하실 겁니다. 자신을 알아보는 꿈 일기, 몸

일기, 질문 일기, 기분 일기, 미래 일기도 있습니다. 특정한 목적을 위해 쓰는 세 줄 일기, 5분 아침 일기, 퇴사 일기, 워라밸 일기, 육아 일기, 독서 일기, 공부 일기, 기도 일기, 영성 일기라는 것도 존재합니다.

왜 이렇게 다양한 일기가 등장하고 사람들은 열광하는 것일까요? 키보드를 두드리거나 녹음, 촬영이 가능한 시대에 종이와 펜을 이용해 일기를 쓰는 것이 멈춰지지 않는 것일까요? 저는 이 질문의 해답을 '집중'에서 찾았습니다. 여러 가지 주제를 통해서 '일기를 쓰는 과정'이 스스로에게 집중하게 하고 더 나은 삶으로 이끄는 발판이 되는 것입니다.

그래서 이 《유튜브 기록장》을 꼭 만들어야겠다고 생각했습니다. 우리나라뿐 아니라 세계적으로 다양한 사람들이 오랜 시간 사용하는 유튜브이기에, 그 활동에 초점을 맞춘 기록이 필요하다고 생각했습니다. 그래서 《유튜브 기록장》은 쓸 때마다 나 자신에게 '집중'하도록 제작하였습니다.

내가 원하는 것을 이루기 위해 유튜브를 사용해

어떤 노력을 하는지 되돌아보며 내 삶과 생각을 다시 보게 됩니다. 무엇을 위해 사는지 계속 확인하고 어떤 마음가짐으로 살아가고 있는지 들여다보게 되는 것. 그것이 바로 나에 대한 '집중'을 불러일으키고 목표에 도달하는 원동력이 됩니다.

8. 좋은 유튜브 크리에이터로 거듭날 수 있다.

양질의 콘텐츠를 많이 접하면 어떤 영상이 누구에게 어떻게 도움이 되었는지 알게 됩니다. 좋은 영상의 기준이 서게 되면 그와 비슷한 영상을 만들 수 있는 토대가 되는 것인데요. 책을 많이 읽는 분들이라면 필력 있는 작가가 될 가능성이 높습니다. 좋은 유튜브 영상을 많이 본 분들은 훌륭한 유튜브 크리에이터가 될 가능성이 높습니다.

《유튜브 기록장》으로 원하는 목표를 이룬 분들이라면 유튜브를 통해 얻은 지식과 정보, 감상을 유튜브 영상으로 전달할 수 있습니다. 기록장의 내용을 바탕으로 나의 이야기와 경험이 더해져 나와 비슷한 고민을 가진 사람들에게는 해결책을, 비슷한 목표를 좇는 사람들에게는 동기부여를 해줄 수 있습니다. 《유튜브 기록장》으로 선한 영향력을 흘려보낼 수 있게 되는 것이죠.

2019년 3월 온라인 쇼핑몰 G마켓이 고객 875명을 대상으로 1인 방송에 대한 설문조사를 진행했습니다. 열 명 중 네 명이 현재 1인 방송을 진행하고 있거나, 앞으로 크리에이터가 될 계획이라고 밝혔습니다. 특히 10대 청소년들의 경우에는 75%가 현재 방송을 하고 있거나 앞으로 크리에이터가 되고 싶다는 의견을 내비쳤습니다. 유튜브 크리에이터를 꿈꾸는 사람들이 매우 많은 요즘입니다. 만약 유튜브 크리에이터에 대한 도전을 하고 싶으시다면, 《유튜브 기록장》이 선사하는 '보는' 사람에서 '만드는' 사람으로 거듭날 수 있는 기회를 놓치지 않으셨으면 좋겠습니다.

결심을 실천으로 이끄는 질문들

196만 회의 조회수를 기록한 수강생 'MJ' 님과 71만 회의 조회수를 기록한 컨설팅 대상자 '다크썸' 님, 유튜브를 통해 대학교 실내건축과 강의를 맡게 된 수강생 '인테리어 조아' 님, 과학기술정보통신부 장관상 우수상과 문화재청 한국문화재재단 궁능 활용 프로그램 공모전 최우수상을 수상한 수강생 '미쓰북' 님, 캔들동화 콘텐츠로 책을 출간하고 인천 문화콘텐츠 콘테스트 우수상을 수상한 수강생 '빨간 고무신의 캔들동화' 님, 운동 영상으로 인터넷신문사 칼럼기고,

다이어트 다이어리 판매, 유튜브 독서활동을 이끄는 수강생 '쨍하고 몸뜰날' 님 등은 모두 1만 명 이상의 수강생 분들 중 100여 분에 속하는 분들입니다.

이 1%의 수강생 분들의 공통점은 바로 '나만의 기록장'이 있다는 것입니다. 저도 필기하는 데 있어서만큼은 자부심이 있는데요, 수강생 분들의 기록장을 보면 놀라움을 금치 못합니다. 강의마다 필기를 열심히 하는 것은 물론이고 제게 던지는 질문들에는 고민의 흔적이 가득한 노트나 수첩을 늘 가지고 계십니다. 이러한 분들을 만날 때마다 저는 제 채널을 세심하게 확인하게 되고 더 알려드리고 싶은 마음이 굴뚝같습니다. 남인 저 또한 이런 마음이 절로 생기는데 스스로는 어떠할까요? 《유튜브 기록장》을 꾸준히 쓰다 보면 나도 모르는 사이에 나를 응원하게 되고 어느새 목표에 가까워져 있을 것입니다.

시청일자	2020년 5월 13일 수요일
채널 이름	아바라 TV
영상 제목	6개월 1000만 원 모으기
분야	경제 경영: 재테크 / N잡 / 부업 / 창업 자기계발: 독서 / 동기부여 / 시험 준비 / 자격증 / 외국어 공부 건강 취미: 운동 / 요리 / 악기 / 미술 / 명상 가정살림: 육아 / 자녀교육 / 요리 / 살림 기타:
키워드	#1000만 원 모으기 #짠순이

《유튜브 기록장》을 쓸 때 가장 먼저 만나는 표를 작성해주세요. 날짜와 요일을 기록하여 주로 언제 영상을 깊이 있게 볼 수 있었는지 등을 확인할 수 있습니다. 그 후에는 시청한 영상의 채널 이름을 쓰고 제목도 함께 기록합니다. 그리고 해당 영상의 분야 혹은, 목표 달성에 필요한 분야를 체크합니다. 해당하는 분야가 없다면 기타에 간략히 적어주세요. 어떤 분야를 주로 보는지 확인할 수 있습니다. 키워드는 세부적인 분야 파악으로 볼 수 있습니다. 어떤 키워드로 검색하여 이 영상을 만나게 되었는지, 그 계기를 확인할 수 있습니다.

• 이루고 싶은 목표와 기간은?

나는 오늘부터 1년 안인 ○월 ○일까지 1000만 원을 모을

것이다!

• 이 영상을 보는 목적은?

작은 습관으로 종잣돈을 모으고 싶어서

250만 독자들이 읽었다는 자기계발 분야 스테디
셀러가 있습니다. 바로 《꿈꾸는 다락방》입니다. 책
에는 성공한 사람들의 이야기가 선물 보따리처럼
가득합니다. 1995년에 천만 달러를 할리우드 영화
사로부터 받겠다고 쓰인 수표용지를 지갑에 넣고
다녔던 짐 캐리. 그가 영화 〈마스크〉를 통해 1995년
출연료로 천만 달러를 받은 이야기는 우리들의 마
음을 두근거리게 합니다. 유명 영화감독 행세를 오
랫동안 하고 실제 유명 영화감독이 된 스티븐 스필
버그나, 아침마다 "나는 할리우드 최고의 감독이다"
외쳤다는 월트 디즈니의 사례를 통해 성공한 사람
들은 목표를 생생하게 시각화하고 자주 떠올리는

것을 보여주었습니다.

이 내용은 "생생하게 꿈꾸면 이뤄진다"는 뜻의 R=VD Realization=Vivid×Dream 공식으로 널리 알려졌습니다. 사람들은 생생하게 꿈꾸기 위해 사진을 이용한 꿈나무나 비전보드를 제작하기도 합니다. '매일 목표 100번 쓰기'에 도전해 그 내용을 블로그나 인스타그램에 올리기도 합니다. 특정 장소를 방문하여 마치 이미 꿈이 이뤄진 것처럼 행동하기도 합니다.

어떤 방법을 사용하든 목적은, 의식적으로 목표를 되뇌며 각성하는 데 있습니다. 수많은 방법 중에 시간과 노력 대비 효율이 높은 방법은 바로 글쓰기입니다. 그저 원하는 목표를 손으로 쓰는 것입니다. 꼭 목표를 손으로 적어보세요. 그리고 그 목표를 이룰 것을 믿으며 기록장을 채워나가기를 추천합니다.

목표를 쓰는 것만큼이나 목표를 제대로 설정하는 것 또한 중요합니다. 목표는 구체적이고 명확할수록 좋습니다. "다이어트를 하겠다"라는 목표보다는 "한 달 동안 4kg을 감량하겠다"가 보다 분명한 목표입니다. 그보다는 "2월 25일부터 3월 25일까지 반식을 통해 4kg을 빼겠다"가 더욱 구체적입니다.

"유튜브 크리에이터가 되겠다"보다는 "한 달 동안 유튜브 영상 여덟 개를 올리겠다"가 좋으며 "일주일에 두 편, 금요일과 토요일에 브이로그 영상을 올리겠다"가 좋습니다.

목표 설정이 떠오르지 않는다면 현대 경영학의 아버지, 피터 드러커Peter F. Drucker의 'SMART' 기법을 참고해도 좋습니다. 목표가 구체적이고specific, 측정 가능하며measurable, 달성 가능하고achievable, 현실적이며realistic, 마감 기한이 있다time-bound는 뜻입니다.

목표를 잡을 때는 내가 이루려는 것보다 높게 설정하기를 추천합니다. 목표 설정 이론을 제시한 에드윈 로크Edwin A. Locke에 의하면 낮은 목표, 중간 목표, 높은 목표를 제시했을 때 높은 목표를 가진 사람이 가장 생산성이 높았다고 합니다. 하지만 목표가 너무 높아 누구라도 이룰 수 없는 경우에는 오히려 무기력하게 반응하게 된다는 연구도 있습니다. 따라서 목표는 난이도가 높으면서도 동시에 도전할 만한 가치가 있는 정도가 알맞겠습니다.

- 기억해야 할 사항이나 새롭게 배운 것은?
1. 가계부를 쓰는 것은 기본 중의 기본
2. 돈을 잘 모으는 사람들은 월급 외 수익구조를 가지고 있다.
3. 영상의 주인은 6개월이지만 내 목표는 1년이기 때문에 월 80만 원 저금을 목표로 한다.

"기억해야 할 사항이나 새롭게 배운 것은?"이라는 질문에서는 시청한 영상의 내용을 정리합니다. 요약해야 하니, 능동적으로 영상을 곱씹게 합니다. 이 질문은 배운 것을 내 것으로 만들기 위해서 꼭 필요합니다. 답이 길어질 때는 포스트잇을 활용해주세요. 영상을 캡처하거나 노트북, 태블릿을 이용하기보다는 꼭 기록장에 기록하는 것이 좋습니다.

미국 프린스턴대학교와 UCLA 공동 연구팀이 대학생을 대상으로 손으로 필기하는 학생과 전자기기의 키보드를 이용해 기록한 학생을 분석했습니다.

단순 기억뿐 아니라 개념에 대한 이해도 손으로 필기한 학생들이 높았습니다. 이 연구는 2019년 12월 말, SBS 뉴스팀이 직접 재현해 보이며 결과를 확인하기도 했습니다.

기억해야 할 사항을 묻는 질문은 단순히 배운 것을 기억하기 위한 질문만은 아닙니다. 질문을 떠올리고 그 내용을 손으로 쓰는 것이 학습에 큰 도움이 되기 때문입니다.

인디애나 대학교 심리학자 카린 제임스는 읽고 쓰는 법을 아직 배우지 않은 어린이들을 세 그룹으로 나눠 글자와 도형을 보여주었습니다. 점선을 따라 그리거나, 백지에 그리거나, 혹은 컴퓨터에 타자로 입력하도록 하는 방법으로 자신이 본 이미지를 다시 그리게 했는데요. 그 이후 이미지를 한 차례 더 보여주며 뇌를 스크린했습니다.

맨손으로 백지에 이미지를 되살려 낸 아이들은 마치 성인이 읽거나 쓸 때 활성화되는 뇌 영역 활동이 활발해졌습니다. 그러나 다른 두 그룹에서는 이러한 모습이 관찰되지 않았으며 뇌의 활동도 약했습니다. 수동적으로 점선을 따라 쓰는 것과는 달리 내 기억을 떠올리며 손으로 복기하는 행위는, '계획과 행동'을 촉구하며 이 행위가 학습으로 이어진다는 것을 보여준 실험이었습니다.

유튜브 영상을 자신만의 쉬운 표현으로 정리하다 보면 내용을 꼭꼭 씹어 소화하는 시간이 될 겁니다. 순간적으로 일어나는 일이지만 손으로 요약이 지니는 힘을 느낄 수 있을 거예요.

• 오늘 느낀 것, 배운 것을 활용할 수 있는 방법 3가지는?

1. 가계부를 쓴다. 자동으로 기록되는 토○나 뱅크샐○드를 이용한다.

2. 주말 단기 알바를 구한다.

3. 내 하루 지출이 가장 많은 것은 커피! 하루에 커피는 한 잔만 사 마신다.

배운 것을 적기만 하면 휘발되어 버립니다. 알고도 실천하지 않으면 모르는 것이라 했습니다. 내 삶에 적용시켜 행동해야 비로소 온전한 '앎'에 다다릅니다. 활용 방법은 큰 목표를 이루기 위한 세부적인 과제입니다. 성공적인 목표 달성을 위해 어떤 일을 하면 좋을지 영상 내용을 바탕으로 떠올려보세요.

'오늘 느낀 것, 배운 것을 활용하는 방법'을 써보며 즉각 실행하는 힘을 길러줍니다. 영상의 내용과 일치하지 않아도 좋습니다. 3가지보다 적어도 좋고, 많아도 괜찮습니다. 가짓수보다는 실제 행동으로 옮길 수 있느냐에 초점을 맞추세요.

작은 스텝일수록 좋습니다. 지금 당장은 큰 변화를 느낄 수 없지만, 이 작은 단계를 지나면서 분명히 목표에 가까워지기 때문입니다. 목표 설정 자체는 탐구나 이해, 성장에 대한 내용보다는 우리의 시선을 결과로만 집중되게 할 수 있습니다. 이런 한계를 극복하는 방법이 목표보다 작은 수행목표를 만들고 행하는 것이랍니다.

• 어제보다 오늘 더 나아졌다고 느끼는가?

①②③④⑤❻⑦⑧⑨⑩

• 목표에 얼마나 다가갔다고 생각하는가?

①②❸④⑤⑥⑦⑧⑨⑩

정량적으로 수치를 매기는 질문을 통해 점검할 수 있도록 제작하였습니다.

"어제보다 오늘 더 나아졌다고 느끼는가?"라는 질문은 《유튜브 기록장》으로 매일 매일 발전하는 '나'에 대한 점수입니다. 기록장으로 배우고 실천하며 달라지는 하루를 실감한다면 높은 점수를 주세요. 이 부분 만큼은 마음을 열고 후하게 점수를 매기셔도 좋습니다. 《유튜브 기록장》을 쓰는 것만으로도 어제보다 나은 오늘이라는 것을 확신합니다. 저를 한번 믿어보세요.

"목표에 얼마나 다가갔다고 생각하는가?"라는 질문을 통해 목표의 어디쯤까지 왔는지 확인할 수 있습니다. 또한 얼마나 노력을 해야 하는지도 알 수 있습니다. 멀게만 보이는 목표 때문에 안개 속을 걷는 기분을 한 번이라도 느끼셨다면 이 질문이 시원한 해결책이 될 것이라 믿습니다.

　다만 이런 질문도 나올 수 있을 것 같습니다. "뚜렷한 목표가 없으면 기록장을 쓸 수 없나요?" 그렇지 않습니다. 저는 처음에는 유튜브 콘텐츠 제작을 위해 저만의 《유튜브 기록장》을 쓰기 시작했습니다. 처음에는 달랑 '세 줄'로 시작을 했습니다. 한 달 정도 지나니, 90줄 정도의 글이 쌓였고 이 기록장은 제가 콘텐츠를 제작할 때 많은 창작 아이디어를 제공해 주었습니다. 글, 사진, 그림, 유튜브 영상 등 어떤 형태든 콘텐츠 제작을 하는 사람들이라면 《유튜브 기록장》을 써보시는 것을 추천합니다. 많은 창작 아이디어를 얻을 수 있을 것입니다.

　제가 운영하는 채널인 '유튜브랩'에서도, 강의나 강연을 다니면서도 이 기록장을 많이 추천하고 있습니다. 이 기록장을 바탕으로 유튜브 스터디를 하기도 하고, 통찰력을 얻는 데 도움을 받았다는 이야기를 듣고 있어요. 우리는 유튜브 시대를 살아가고 있습니다. 영상이 일상이 된 지금이지만, 그저 유튜브 시청시간을 흘려보내고 싶지 않거나 영상 제작자의 의도를 이해하고 싶다면《유튜브 기록장》을 써보세요.

독후감을 쓸 때 생기는 이점들 역시《유튜브 기록장》에 존재합니다. 콘텐츠를 통해 내 생각을 정리한다는 점에서 비슷하거든요. 기록을 하기 위해 하루 동안 시청한 영상 중 가장 좋은 콘텐츠를 선별하는 과정부터 그 내용과 느낌을 적는 것만으로도 콘텐츠를 잘 이해할 수 있었어요. 당연히 생각과 느낌을 정리하는 능력을 기르고 싶거나 자신을 돌아보고 싶거나 그리고 유튜브 리터러시 능력을 쌓고 싶다면《유튜브 기록장》이 도움이 될 것입니다.

쓰는 것만으로 얻게 된 삶의 이로움

1. 유튜브를 비롯한 다른 영상 플랫폼의 활용이 높아졌다.

《유튜브 기록장》이 가져다준 삶의 이로움이라고 한다면 가장 먼저 떠오르는 것, 유튜브를 비롯한 다른 영상 플랫폼의 활용이 높아졌다는 점입니다. 앞으로 영상 플랫폼들은 질적으로 더 높이 성장할 것으로 보입니다. 《유튜브 기록장》을 쓰면 영상을 '읽는' 능력이 길러집니다. 영상에 대한 이해도와 통찰력이 쌓여 다른 플랫폼의 콘텐츠를 볼 때도 도움이 되더라고요. 그래서 페이스북이나 인스타그램 같은 SNS에서 만난 영상에서도 인사이트를 얻을 수 있게 되었습니다. 제가 활용할 수 있는 더 많은 콘텐츠 도서관들이 생기게 되었습니다.

2. 단순히 보던 영상들에 대해 풍부한 사고가 가능해졌다.

그 다음으로는 단순히 시청만 하던 영상들에 대한 사고를 하게 된다는 것입니다. 이건 매우 중요한 부분입니다. 《유튜브 기록장》을 쓰면 습관처럼 틀어놓고 무의식으로 보던 영상들을 자연스레 곱씹게 됩니다. 그러다보면 콘텐츠를 유심히 보게 되고, 또 생각하며 보게 됩니다.

영상을 보고 나서 한 줄이라도 느낀 점을 남기니, 재미있는 일이 벌어졌습니다. 시청할 영상을 찾을 때, 목표를 이루기 위해 어떤 영상이 도움이 되는지, 영상을 어떻게 봐야 하는지 나만의 관전 포인트가 생기기 시작한 것이죠. 이젠 영상을 하나 보더라도 더욱 풍부하고 깊게 음미할 수 있습니다.

3. 영상과 일상의 밸런스를 잡게 되었다.

《유튜브 기록장》을 쓰려면 하루 종일 영상을 보고 영상과 관계된 생각만 해야 해서 시간을 많이 써야 할 것 같습니다. 그런데 《유튜브 기록장》을 통해 '능동적'으로 감상을 하면 오히려 유튜브 생활과 일상생활에 균형이 잡힙니다. 《유튜브 기록장》을 쓰기 위해 크리에이터의 삶과 생각이 묻어난 영상을 통해 내 삶과 생각을 돌아보는 시간을 가지게 되거든요.

4. 내가 소비하는 유튜브 콘텐츠의 결을 알게 된다.

《유튜브 기록장》을 훑어보면 어떤 내용을 담은 영상을 좋아하는지, 얼마나 오래 보는지, 얼마나 자주 검색하는지 돌아보며 유튜브 라이프를 정리하게 되기에 마치 일기를 쓰는 것과 비슷한 장점을 누리게 되는 것이죠.

기록장을 쓰게 되며 얻는 또 다른 장점은 콘텐츠

제작에 관한 이해의 폭이 넓어지고 깊어진다는 것입니다. 시청자의 입장에서 제작자의 마음을 읽는 과정은 일종의 '소통'입니다. 제작자를 만나는 것이 가장 좋지만 기록장을 통해 대화를 나누는 것도 좋은 방법이거든요. 실제로 만나지 않더라도 소통의 효과를 충분히 볼 수 있다는 것은 톨스토이와 아인슈타인의 예를 통해 알 수 있습니다. 톨스토이는 루소를, 아인슈타인은 뉴턴, 페러데이, 맥스웰을 멘토로 삼고 상상 속에서 토론하며 본인들의 아이디어, 이론을 탄탄하게 했다고 하죠. 좋아하는 크리에이터와 담소를 나누듯 기록장을 한 장 한 장 채워 가보세요.

편안하고 재미있게 활용할 수 있는 팁

1. 편안한 장소에서 기록하기

《유튜브 기록장》을 쓸 때는 가장 편안한 장소를 고르는 것부터 시작합니다. 멋있고 거창한 공간이 아니어도 좋습니다. 주방도 좋고, 거실도 좋으며 내 방도 좋습니다. 가장 좋은 장소는 내 마음이 편안해지고 솔직해지는 공간입니다. 편안한 장소에서《유튜브 기록장》을 쓰면 솔직한 내 생각, 감정을 적을 수 있어《유튜브 기록장》의 효과를 충분히 누릴 수 있습니다. 가장 좋은 기록은 솔직한 기록입니다.

편안한 장소를 찾기가 어렵다면 본인이 편안한 환경을 조성해보는 것도 괜찮은 방법입니다. 내가 원하는 소음 혹은 고요함, 눈이 피로하지 않은 조명, 손에 익은 필기구, 향이 좋은 커피, 은은한 캔들 등으로 원하는 분위기를 만들어보세요. 이 모든 것을 갖추지 않아도 좋습니다. 내가 편안한 마음을 가질 수 있도록 해보세요.

저는 침대에서 뒹굴뒹굴 하며 기록장을 씁니다. 여유가 있을 때는 생강차가 끓을 동안 창가를 멍하니 바라보다가 포트기의 소리를 신호탄으로 기록장을 씁니다.

2. 매일매일 비슷한 시간에 작성하기

편안한 장소를 선택하신 후에는 기록장을 쓰실 때 가급적 매일 매일 비슷한 시간을 추천합니다. 《유튜브 기록장》 작성이 아침 식사를 하는 것처럼, 취침을 하는 것처럼 일정하게 정해져 있으면 빼먹지 않고 꾸준히 이용할 수 있습니다.

《유튜브 기록장》을 삶의 일부로 활용할 수 있도록 집중하기 좋은 시간을 결정해보세요. 아침형 인간이라면 오전에 쓰는 것을 추천합니다. 정말 짬이 나지 않는다면 점심시간에 잠깐도 좋습니다.

저는 주로 자기 전에 15~20분 정도를 할애합니다. 제게는 그때가 습관을 붙이기 좋은 시간이라고 여겼기 때문입니다. 자기 전이라면 오늘 하루 동안 본 영상들을 떠올리기 쉽고 무엇보다 조용하고 차분한 상태라 기록장을 쓰기에 안성맞춤이거든요.

3. 떠오르는 대로 편안하게 쓰기

《유튜브 기록장》은 떠오르는 대로 쓰세요. 잘 쓰려고 하기보다는 솔직하게 내 감정과 생각을 그대로 담는 것이 중요합니다. 정답은 없습니다. 긴 문장이 아니어도 좋습니다. 글씨가 예쁘지 않아도 괜찮습니다. 나만 보면 되는 걸요.

시간이 여의치 않는다면 단어만 적으셔도 괜찮습니다. 작은 그림을 그리는 것도 좋습니다. 내가 알아

볼 수 있으면 그만입니다. 그러니 정말 편안하게 작성하시길 바랍니다. 머릿속에 있는 것들을 꺼내는 연습을 하다 보면 《유튜브 기록장》의 가장 마지막 장을 쓸 때쯤에는 첫 장을 쓸 때와는 다른 자신의 기록을 발견할 수 있을 거예요.

4. 늘 지니고 다니세요.

《유튜브 기록장》을 지니고 다니며 수시로 보세요. 나의 목표를 자주 보며 스스로에게 동기부여가 됩니다. 차곡차곡 쌓이는 기록을 보며 내가 어떤 활동을 하고 있는지 살펴볼 수도 있습니다. 그러니 늘 가지고 다니시며 손 닿는 곳에, 눈길 닿는 곳에 가까이 두세요. 가방 한켠에 《유튜브 기록장》의 자리를 남겨두세요.

- 유튜브 기록장 사례 예시

- 나의 유튜브 기록장

- 1년 목표 한눈에 보기

재테크 사례 예시

시청일자	2020년 1월 30일 금요일
채널 이름	MKTV 김미경 TV
영상 제목	모아 놓은 돈이 없어도 할 수 있는 재테크 3단계
분야	경제 경영: 재테크 / N잡 / 부업 / 창업 자기계발: 독서 / 동기부여 / 시험 준비 / 자격증 / 외국어 공부 건강 취미: 운동 / 요리 / 악기 / 미술 / 명상 가정살림: 육아 / 자녀교육 / 요리 / 살림 기타:
키워드	#부자 되기 #밥 먹듯 저축

이루고 싶은 목표와 기간은?

나는 오늘부터 1년 안에 1000만 원을 모을 것이다!

이 영상을 보는 목적은?

종잣돈 없이 재테크를 할 수 있는 방법을 알고 싶다.

기억해야 할 사항이나 새롭게 배운 것은?

1. 재테크도 단계가 있다.
2. 1단계: 돈 벌기 전 가치에 집중하고 공부
   2단계: 가치의 피드백을 받고 돈 벌 준비
3. 3단계: 돈을 버는 단계, 저축과 투자 공부
   4단계: 돈의 방향이 꿈을 향하도록 설정

오늘 느낀 것, 배운 것을 활용할 수 있는 방법 3가지는?

1. 나의 재테크 단계 확인하기
- 나의 재테크 단계는 2단계이다. 회사를 다니며 돈을 벌고 있기 때문이다.
2. 내 재테크 성향 파악하기
- 안전한 것을 추구하는 성격이고 재테크를 몰라 생활비를 제외한 금액을 저축만 했었다. 1000만 원을 모으기 전까지는 저축:투자:후원을 7:2:1로 설정하고, 그 이후로는 저축:이자를 받기 위한 투자:내 가치를 위한 투자:후원＝4:3:2:1로 설정하기로 했다.
3. 돈의 방향 설정하기
- 영상을 본 후 이 1000만 원에 이름을 붙이기로 했다. 이자를 불려주는 투자에 사용할 예정이라 '불어나는 돈덩이'라고 명명했다.

목표를 수치화하기

• 어제보다 오늘 더 나아졌다고 느끼는가?

① ② ③ ④ ⑤ **❻** ⑦ ⑧ ⑨ ⑩

• 목표에 얼마나 다가갔다고 생각하는가?

① ② **❸** ④ ⑤ ⑥ ⑦ ⑧ ⑨ ⑩

유튜브 크리에이터 사례 예시

시청일자	2020년 2월 7일 금요일
채널 이름	유튜브랩
영상 제목	구독자 수 늘리는 법
분야	경제 경영: 재테크 / N잡 / 부업 / 창업 자기계발: 독서 / 동기부여 / 시험 준비 / 자격증 / 외국어 공부 건강 취미: 운동 / 요리 / 악기 / 미술 / 명상 가정살림: 육아 / 자녀교육 / 요리 / 살림 기타:
키워드	#구독자 수 늘리기 #실버버튼 받기

이루고 싶은 목표와 기간은?

일주일에 3개씩, 3개월 동안 먹방 영상 36개를 업로드하고 구독자 1000명을 모은다.

이 영상을 보는 목적은?

구독자 0명부터 시작하는 노하우를 배우기 위해

기억해야 할 사항이나 새롭게 배운 것은?

1. 모든 유튜버들은 구독자 0명으로 시작한다.
2. 영상 시작 할 때 무슨 영상인지 살짝 알려준다. 끝나기 전에 구독을 요청한다.
3. 시청자를 구독자로 전환하기 위해 채널아트를 잘 만들어야 한다.

오늘 느낀 것, 배운 것을 활용할 수 있는 방법 3가지는?

1. 조바심 갖지 않기
- 한 달간은 구독자 수를 보려고 하지 않겠다. 꾸준히 영상을 올리며 기다리는 것이 평정심을 유지하는 좋은 방법일 듯하다.
2. 영상 시작 부분을 흥미롭게 만들기 위해 드라마의 절단신공을 눈여겨본다.
- 유독 절단신공이 돋보였던 드라마 스카이 캐슬을 끝부분 위주로 정주행한다.
3. 채널아트 제작 영상 강의를 보고 새로 채널아트를 만든다.
- 채널 아트를 예쁘게만 만들면 되는 줄 알아서 분홍색에 가느다란 글씨로 채널 이름만 적어두었다. 그런데 채널 아트가 시청자들을 구독자로 전환하는 힘이 있는 줄이야. 먹방이 잘 드러나도록 음식을 먹는 모습을 넣고 목금토 저녁에 영상이 업로드 된다는 내용을 포함시켜야겠다.

목표를 수치화하기

- 어제보다 오늘 더 나아졌다고 느끼는가?

① ② ③ ④ ⑤ ❻ ⑦ ⑧ ⑨ ⑩

- 목표에 얼마나 다가갔다고 생각하는가?

① ② ❸ ④ ⑤ ⑥ ⑦ ⑧ ⑨ ⑩

영어공부 사례 예시

시청일자	2020년 3월 13일 금요일
채널 이름	혼공TV
영상 제목	혼공 기초 영문법 Level 3
분야	경제 경영: 재테크 / N잡 / 부업 / 창업 자기계발: 독서 / 동기부여 / 시험 준비 / 자격증 / 외국어 공부 건강 취미: 운동 / 요리 / 악기 / 미술 / 명상 가정살림: 육아 / 자녀교육 / 요리 / 살림 기타:
키워드	#영어장인 #나도 할 수 있다 #초보 탈출

이루고 싶은 목표와 기간은?

2020년 4월 20일까지 하루 한 강씩 총 31강 보기

이 영상을 보는 목적은?

문장구성원리, 문장 확장을 배운다.

기억해야 할 사항이나 새롭게 배운 것은?

1. 오리엔테이션도 중요하다
2. 문장 구성의 필수 개념: 단어, 구, 문장, 핵(핵심을 뜻함)
3. 문장이 길어지는 원리: 주어＋술어＋접속사

오늘 느낀 것, 배운 것을 활용할 수 있는 방법 3가지는?

1. 수업 전에 1강씩 미리 읽어둔다.
- 오리엔테이션도 중요하다는 점에서 미리 수업을 준비하는 자세에 대해 생각하게 되었다. Level 1과 2일 때는 쉬워서 바로 강의를 들었는데 이제는 수업 전에 1강씩 꼭 읽고 시작해야겠다.
2. 영어 문장을 읽을 때 핵이 무엇인가 찾아본다.
- 문장 구성의 필수 개념에 핵심이 되는 '핵'이 있다는 것이 신선했다. 토익 문제 풀 때 핵이 무엇인가 살펴보았더니 PART6을 풀기 쉬웠다.
3. 영어일기를 쓸 때 짧은 문장이 아니라 접속사를 넣어 긴 문장을 만들어봐야겠다.
- 오늘 영어 일기는 문장에 접속사를 사용해 긴 3문장으로 마무리 할 것이다.

목표를 수치화하기

• 어제보다 오늘 더 나아졌다고 느끼는가?

①②③④⑤**⑥**⑦⑧⑨⑩

• 목표에 얼마나 다가갔다고 생각하는가?

①②**❸**④⑤⑥⑦⑧⑨⑩

운동 사례 예시

시청일자	2020년 4월 10일 금요일
채널 이름	피지컬갤러리
영상 제목	거북목 교정 루틴「개정판」
분야	경제 경영: 재테크 / N잡 / 부업 / 창업 자기계발: 독서 / 동기부여 / 시험 준비 / 자격증 / 외국어 공부 건강 취미: 운동 / 요리 / 악기 / 미술 / 명상 가정살림: 육아 / 자녀교육 / 요리 / 살림 기타:
키워드	#목 디스크 #비수술적 치료

이루고 싶은 목표와 기간은?

12주 거북목 교정 운동을 따라하여 거북목을 교정한다.

이 영상을 보는 목적은?

비수술적 치료 방법을 배우고 싶어서

기억해야 할 사항이나 새롭게 배운 것은?

1. 목돌리기 운동을 할 때 쇄골을 잡고 천천히 고개를 돌려
야 한다. 운동 횟수를 채우거나 늘리는 것이 중요한 것이 아
니라 정확하게 천천히 하는 것이 중요하다는 것을 배웠다.
2. 흉쇄유돌근을 살짝 꼬집고 사선방향으로 늘려준다.
3. 등을 곧게 세우고 수건을 목에 건 후, 수건을 당겨 턱을
당기는 운동을 한다.

오늘 느낀 것, 배운 것을 활용할 수 있는 방법 3가지는?

1. 영상 아침저녁으로 따라 하기
- 12주 동안 매일 아침과 저녁으로 영상을 보며 운동을 따라하겠다. 아침 7시와 밤 11시로 휴대전화 알람 설정을 해두었다.
2. 틈날 때마다 흉쇄유돌근 마사지를 해준다.
- 틈날 때마다라고 하니까 덜 구체적이다. 그래서 화장실 갈 때마다 하기로 결정했다. 화장실 갈 때 마사지라고 생각하니 까먹지 않아 좋다.
3. 등을 곧게 세우는 게 거북목 교정에도 효과적인 듯하다. 평소에도 바른 자세를 지녀야겠다.
- 바른 자세를 지녀야 한다는 건 잘 알고 있지만 유지가 쉽지 않다. 사무실에서 흐트러진 자세를 5번 이상 본 동료가 있다면 커피를 쏘기로 맘먹었다. 내일 회사 가서 말하면 돌아올 수 없는 강을 건너는 거다. 후..

목표를 수치화하기

• 어제보다 오늘 더 나아졌다고 느끼는가?

①②③④⑤❻⑦⑧⑨⑩

• 목표에 얼마나 다가갔다고 생각하는가?

①②❸④⑤⑥⑦⑧⑨⑩

나의 유튜브 기록장

시청일자	년 월 일 요일
채널 이름	
영상 제목	
분야	경제 경영: 재테크 / N잡 / 부업 / 창업 자기계발: 독서 / 동기부여 / 시험 준비 / 자격증 / 외국어 공부 건강 취미: 운동 / 요리 / 악기 / 미술 / 명상 가정살림: 육아 / 자녀교육 / 요리 / 살림 기타:
키워드	#

이루고 싶은 목표와 기간은?

이 영상을 보는 목적은?

기억해야 할 사항이나 새롭게 배운 것은?

오늘 느낀 것, 배운 것을 활용할 수 있는 방법 3가지는?

....

....

....

....

....

....

....

....

....

목표를 수치화하기

• 어제보다 오늘 더 나아졌다고 느끼는가?

①②③④⑤⑥⑦⑧⑨⑩

• 목표에 얼마나 다가갔다고 생각하는가?

①②③④⑤⑥⑦⑧⑨⑩

시청일자	년 월 일 요일
채널 이름	
영상 제목	
분야	경제 경영: 재테크 / N잡 / 부업 / 창업 자기계발: 독서 / 동기부여 / 시험 준비 / 자격증 / 외국어 공부 건강 취미: 운동 / 요리 / 악기 / 미술 / 명상 가정살림: 육아 / 자녀교육 / 요리 / 살림 기타:
키워드	#

이루고 싶은 목표와 기간은?

이 영상을 보는 목적은?

기억해야 할 사항이나 새롭게 배운 것은?

오늘 느낀 것, 배운 것을 활용할 수 있는 방법 3가지는?

....
....
....
....
....
....
....
....
....
....

목표를 수치화하기

• 어제보다 오늘 더 나아졌다고 느끼는가?

① ② ③ ④ ⑤ ⑥ ⑦ ⑧ ⑨ ⑩

• 목표에 얼마나 다가갔다고 생각하는가?

① ② ③ ④ ⑤ ⑥ ⑦ ⑧ ⑨ ⑩

시청일자	년 월 일 요일
채널 이름	
영상 제목	
분야	경제 경영: 재테크 / N잡 / 부업 / 창업 자기계발: 독서 / 동기부여 / 시험 준비 / 자격증 / 외국어 공부 건강 취미: 운동 / 요리 / 악기 / 미술 / 명상 가정살림: 육아 / 자녀교육 / 요리 / 살림 기타:
키워드	#

이루고 싶은 목표와 기간은?

....

이 영상을 보는 목적은?

....

기억해야 할 사항이나 새롭게 배운 것은?

....
....
....
....
....

오늘 느낀 것, 배운 것을 활용할 수 있는 방법 3가지는?

목표를 수치화하기

• 어제보다 오늘 더 나아졌다고 느끼는가?

① ② ③ ④ ⑤ ⑥ ⑦ ⑧ ⑨ ⑩

• 목표에 얼마나 다가갔다고 생각하는가?

① ② ③ ④ ⑤ ⑥ ⑦ ⑧ ⑨ ⑩

시청일자	년 월 일 요일
채널 이름	
영상 제목	
분야	경제 경영: 재테크 / N잡 / 부업 / 창업 자기계발: 독서 / 동기부여 / 시험 준비 / 자격증 / 외국어 공부 건강 취미: 운동 / 요리 / 악기 / 미술 / 명상 가정살림: 육아 / 자녀교육 / 요리 / 살림 기타:
키워드	#

이루고 싶은 목표와 기간은?

이 영상을 보는 목적은?

기억해야 할 사항이나 새롭게 배운 것은?

오늘 느낀 것, 배운 것을 활용할 수 있는 방법 3가지는?

....

....

....

....

....

....

....

....

....

목표를 수치화하기

- 어제보다 오늘 더 나아졌다고 느끼는가?

  ① ② ③ ④ ⑤ ⑥ ⑦ ⑧ ⑨ ⑩

- 목표에 얼마나 다가갔다고 생각하는가?

  ① ② ③ ④ ⑤ ⑥ ⑦ ⑧ ⑨ ⑩

시청일자	년 월 일 요일
채널 이름	
영상 제목	
분야	경제 경영: 재테크 / N잡 / 부업 / 창업 자기계발: 독서 / 동기부여 / 시험 준비 / 자격증 / 외국어 공부 건강 취미: 운동 / 요리 / 악기 / 미술 / 명상 가정살림: 육아 / 자녀교육 / 요리 / 살림 기타:
키워드	#

이루고 싶은 목표와 기간은?

이 영상을 보는 목적은?

기억해야 할 사항이나 새롭게 배운 것은?

오늘 느낀 것, 배운 것을 활용할 수 있는 방법 3가지는?

....

....

....

....

....

....

....

....

....

목표를 수치화하기

• 어제보다 오늘 더 나아졌다고 느끼는가?

① ② ③ ④ ⑤ ⑥ ⑦ ⑧ ⑨ ⑩

• 목표에 얼마나 다가갔다고 생각하는가?

① ② ③ ④ ⑤ ⑥ ⑦ ⑧ ⑨ ⑩

시청일자	년　월　일　요일
채널 이름	
영상 제목	
분야	경제 경영: 재테크 / N잡 / 부업 / 창업 자기계발: 독서 / 동기부여 / 시험 준비 / 자격증 / 외국어 공부 건강 취미: 운동 / 요리 / 악기 / 미술 / 명상 가정살림: 육아 / 자녀교육 / 요리 / 살림 기타:
키워드	#

이루고 싶은 목표와 기간은?

이 영상을 보는 목적은?

기억해야 할 사항이나 새롭게 배운 것은?

오늘 느낀 것, 배운 것을 활용할 수 있는 방법 3가지는?

....

....

....

....

....

....

....

....

....

....

목표를 수치화하기

• 어제보다 오늘 더 나아졌다고 느끼는가?

①②③④⑤⑥⑦⑧⑨⑩

• 목표에 얼마나 다가갔다고 생각하는가?

①②③④⑤⑥⑦⑧⑨⑩

시청일자	년 월 일 요일
채널 이름	
영상 제목	
분야	경제 경영: 재테크 / N잡 / 부업 / 창업 자기계발: 독서 / 동기부여 / 시험 준비 / 자격증 / 외국어 공부 건강 취미: 운동 / 요리 / 악기 / 미술 / 명상 가정살림: 육아 / 자녀교육 / 요리 / 살림 기타:
키워드	#

이루고 싶은 목표와 기간은?

이 영상을 보는 목적은?

기억해야 할 사항이나 새롭게 배운 것은?

오늘 느낀 것, 배운 것을 활용할 수 있는 방법 3가지는?

목표를 수치화하기

• 어제보다 오늘 더 나아졌다고 느끼는가?

① ② ③ ④ ⑤ ⑥ ⑦ ⑧ ⑨ ⑩

• 목표에 얼마나 다가갔다고 생각하는가?

① ② ③ ④ ⑤ ⑥ ⑦ ⑧ ⑨ ⑩

시청일자	년 월 일 요일
채널 이름	
영상 제목	
분야	경제 경영: 재테크 / N잡 / 부업 / 창업 자기계발: 독서 / 동기부여 / 시험 준비 / 자격증 / 외국어 공부 건강 취미: 운동 / 요리 / 악기 / 미술 / 명상 가정살림: 육아 / 자녀교육 / 요리 / 살림 기타:
키워드	#

이루고 싶은 목표와 기간은?

이 영상을 보는 목적은?

기억해야 할 사항이나 새롭게 배운 것은?

오늘 느낀 것, 배운 것을 활용할 수 있는 방법 3가지는?

....

....

....

....

....

....

....

....

....

목표를 수치화하기

• 어제보다 오늘 더 나아졌다고 느끼는가?

① ② ③ ④ ⑤ ⑥ ⑦ ⑧ ⑨ ⑩

• 목표에 얼마나 다가갔다고 생각하는가?

① ② ③ ④ ⑤ ⑥ ⑦ ⑧ ⑨ ⑩

시청일자	년 월 일 요일
채널 이름	
영상 제목	
분야	경제 경영: 재테크 / N잡 / 부업 / 창업 자기계발: 독서 / 동기부여 / 시험 준비 / 자격증 / 외국어 공부 건강 취미: 운동 / 요리 / 악기 / 미술 / 명상 가정살림: 육아 / 자녀교육 / 요리 / 살림 기타:
키워드	#

이루고 싶은 목표와 기간은?

이 영상을 보는 목적은?

기억해야 할 사항이나 새롭게 배운 것은?

오늘 느낀 것, 배운 것을 활용할 수 있는 방법 3가지는?

....

....

....

....

....

....

....

....

....

목표를 수치화하기

• 어제보다 오늘 더 나아졌다고 느끼는가?

① ② ③ ④ ⑤ ⑥ ⑦ ⑧ ⑨ ⑩

• 목표에 얼마나 다가갔다고 생각하는가?

① ② ③ ④ ⑤ ⑥ ⑦ ⑧ ⑨ ⑩

시청일자	년 월 일 요일
채널 이름	
영상 제목	
분야	경제 경영: 재테크 / N잡 / 부업 / 창업 자기계발: 독서 / 동기부여 / 시험 준비 / 자격증 / 외국어 공부 건강 취미: 운동 / 요리 / 악기 / 미술 / 명상 가정살림: 육아 / 자녀교육 / 요리 / 살림 기타:
키워드	#

이루고 싶은 목표와 기간은?

....

이 영상을 보는 목적은?

....

기억해야 할 사항이나 새롭게 배운 것은?

....

....

....

....

....

오늘 느낀 것, 배운 것을 활용할 수 있는 방법 3가지는?

....

....

....

....

....

....

....

....

....

목표를 수치화하기

• 어제보다 오늘 더 나아졌다고 느끼는가?

① ② ③ ④ ⑤ ⑥ ⑦ ⑧ ⑨ ⑩

• 목표에 얼마나 다가갔다고 생각하는가?

① ② ③ ④ ⑤ ⑥ ⑦ ⑧ ⑨ ⑩

시청일자	년 월 일 요일
채널 이름	
영상 제목	
분야	경제 경영: 재테크 / N잡 / 부업 / 창업 자기계발: 독서 / 동기부여 / 시험 준비 / 자격증 / 외국어 공부 건강 취미: 운동 / 요리 / 악기 / 미술 / 명상 가정살림: 육아 / 자녀교육 / 요리 / 살림 기타:
키워드	#

이루고 싶은 목표와 기간은?

....

이 영상을 보는 목적은?

....

기억해야 할 사항이나 새롭게 배운 것은?

....
....
....
....
....

오늘 느낀 것, 배운 것을 활용할 수 있는 방법 3가지는?

....

....

....

....

....

....

....

....

....

목표를 수치화하기

- 어제보다 오늘 더 나아졌다고 느끼는가?

  ① ② ③ ④ ⑤ ⑥ ⑦ ⑧ ⑨ ⑩

- 목표에 얼마나 다가갔다고 생각하는가?

  ① ② ③ ④ ⑤ ⑥ ⑦ ⑧ ⑨ ⑩

시청일자	년 월 일 요일
채널 이름	
영상 제목	
분야	경제 경영: 재테크 / N잡 / 부업 / 창업 자기계발: 독서 / 동기부여 / 시험 준비 / 자격증 / 외국어 공부 건강 취미: 운동 / 요리 / 악기 / 미술 / 명상 가정살림: 육아 / 자녀교육 / 요리 / 살림 기타:
키워드	#

이루고 싶은 목표와 기간은?

이 영상을 보는 목적은?

기억해야 할 사항이나 새롭게 배운 것은?

오늘 느낀 것, 배운 것을 활용할 수 있는 방법 3가지는?

목표를 수치화하기

- 어제보다 오늘 더 나아졌다고 느끼는가?

①②③④⑤⑥⑦⑧⑨⑩

- 목표에 얼마나 다가갔다고 생각하는가?

①②③④⑤⑥⑦⑧⑨⑩

시청일자	년 월 일 요일
채널 이름	
영상 제목	
분야	경제 경영: 재테크 / N잡 / 부업 / 창업 자기계발: 독서 / 동기부여 / 시험 준비 / 자격증 / 외국어 공부 건강 취미: 운동 / 요리 / 악기 / 미술 / 명상 가정살림: 육아 / 자녀교육 / 요리 / 살림 기타:
키워드	#

이루고 싶은 목표와 기간은?

이 영상을 보는 목적은?

기억해야 할 사항이나 새롭게 배운 것은?

오늘 느낀 것, 배운 것을 활용할 수 있는 방법 3가지는?

....

....

....

....

....

....

....

....

....

....

목표를 수치화하기

• 어제보다 오늘 더 나아졌다고 느끼는가?

①②③④⑤⑥⑦⑧⑨⑩

• 목표에 얼마나 다가갔다고 생각하는가?

①②③④⑤⑥⑦⑧⑨⑩

시청일자	년 월 일 요일
채널 이름	
영상 제목	
분야	경제 경영: 재테크 / N잡 / 부업 / 창업 자기계발: 독서 / 동기부여 / 시험 준비 / 자격증 / 외국어 공부 건강 취미: 운동 / 요리 / 악기 / 미술 / 명상 가정살림: 육아 / 자녀교육 / 요리 / 살림 기타:
키워드	#

이루고 싶은 목표와 기간은?

이 영상을 보는 목적은?

기억해야 할 사항이나 새롭게 배운 것은?

오늘 느낀 것, 배운 것을 활용할 수 있는 방법 3가지는?

....

....

....

....

....

....

....

....

....

목표를 수치화하기

• 어제보다 오늘 더 나아졌다고 느끼는가?

① ② ③ ④ ⑤ ⑥ ⑦ ⑧ ⑨ ⑩

• 목표에 얼마나 다가갔다고 생각하는가?

① ② ③ ④ ⑤ ⑥ ⑦ ⑧ ⑨ ⑩

시청일자	년 월 일 요일
채널 이름	
영상 제목	
분야	경제 경영: 재테크 / N잡 / 부업 / 창업 자기계발: 독서 / 동기부여 / 시험 준비 / 자격증 / 외국어 공부 건강 취미: 운동 / 요리 / 악기 / 미술 / 명상 가정살림: 육아 / 자녀교육 / 요리 / 살림 기타:
키워드	#

이루고 싶은 목표와 기간은?

이 영상을 보는 목적은?

기억해야 할 사항이나 새롭게 배운 것은?

오늘 느낀 것, 배운 것을 활용할 수 있는 방법 3가지는?

목표를 수치화하기

• 어제보다 오늘 더 나아졌다고 느끼는가?

① ② ③ ④ ⑤ ⑥ ⑦ ⑧ ⑨ ⑩

• 목표에 얼마나 다가갔다고 생각하는가?

① ② ③ ④ ⑤ ⑥ ⑦ ⑧ ⑨ ⑩

시청일자	년 월 일 요일
채널 이름	
영상 제목	
분야	경제 경영: 재테크 / N잡 / 부업 / 창업 자기계발: 독서 / 동기부여 / 시험 준비 / 자격증 / 외국어 공부 건강 취미: 운동 / 요리 / 악기 / 미술 / 명상 가정살림: 육아 / 자녀교육 / 요리 / 살림 기타:
키워드	#

이루고 싶은 목표와 기간은?

이 영상을 보는 목적은?

기억해야 할 사항이나 새롭게 배운 것은?

오늘 느낀 것, 배운 것을 활용할 수 있는 방법 3가지는?

....

....

....

....

....

....

....

....

....

목표를 수치화하기

• 어제보다 오늘 더 나아졌다고 느끼는가?

① ② ③ ④ ⑤ ⑥ ⑦ ⑧ ⑨ ⑩

• 목표에 얼마나 다가갔다고 생각하는가?

① ② ③ ④ ⑤ ⑥ ⑦ ⑧ ⑨ ⑩

시청일자	년 월 일 요일
채널 이름	
영상 제목	
분야	경제 경영: 재테크 / N잡 / 부업 / 창업 자기계발: 독서 / 동기부여 / 시험 준비 / 자격증 / 외국어 공부 건강 취미: 운동 / 요리 / 악기 / 미술 / 명상 가정살림: 육아 / 자녀교육 / 요리 / 살림 기타:
키워드	#

이루고 싶은 목표와 기간은?

....

이 영상을 보는 목적은?

....

기억해야 할 사항이나 새롭게 배운 것은?

....
....
....
....
....

오늘 느낀 것, 배운 것을 활용할 수 있는 방법 3가지는?

목표를 수치화하기

• 어제보다 오늘 더 나아졌다고 느끼는가?

① ② ③ ④ ⑤ ⑥ ⑦ ⑧ ⑨ ⑩

• 목표에 얼마나 다가갔다고 생각하는가?

① ② ③ ④ ⑤ ⑥ ⑦ ⑧ ⑨ ⑩

시청일자	년 월 일 요일
채널 이름	
영상 제목	
분야	경제 경영: 재테크 / N잡 / 부업 / 창업 자기계발: 독서 / 동기부여 / 시험 준비 / 자격증 / 외국어 공부 건강 취미: 운동 / 요리 / 악기 / 미술 / 명상 가정살림: 육아 / 자녀교육 / 요리 / 살림 기타:
키워드	#

이루고 싶은 목표와 기간은?

....

이 영상을 보는 목적은?

....

기억해야 할 사항이나 새롭게 배운 것은?

....

....

....

....

....

오늘 느낀 것, 배운 것을 활용할 수 있는 방법 3가지는?

....

....

....

....

....

....

....

....

목표를 수치화하기

- 어제보다 오늘 더 나아졌다고 느끼는가?

①②③④⑤⑥⑦⑧⑨⑩

- 목표에 얼마나 다가갔다고 생각하는가?

①②③④⑤⑥⑦⑧⑨⑩

시청일자	년 월 일 요일
채널 이름	
영상 제목	
분야	경제 경영: 재테크 / N잡 / 부업 / 창업 자기계발: 독서 / 동기부여 / 시험 준비 / 자격증 / 외국어 공부 건강 취미: 운동 / 요리 / 악기 / 미술 / 명상 가정살림: 육아 / 자녀교육 / 요리 / 살림 기타:
키워드	#

이루고 싶은 목표와 기간은?

이 영상을 보는 목적은?

기억해야 할 사항이나 새롭게 배운 것은?

오늘 느낀 것, 배운 것을 활용할 수 있는 방법 3가지는?

....

....

....

....

....

....

....

....

....

목표를 수치화하기

• 어제보다 오늘 더 나아졌다고 느끼는가?

① ② ③ ④ ⑤ ⑥ ⑦ ⑧ ⑨ ⑩

• 목표에 얼마나 다가갔다고 생각하는가?

① ② ③ ④ ⑤ ⑥ ⑦ ⑧ ⑨ ⑩

시청일자	년 월 일 요일
채널 이름	
영상 제목	
분야	경제 경영: 재테크 / N잡 / 부업 / 창업 자기계발: 독서 / 동기부여 / 시험 준비 / 자격증 / 외국어 공부 건강 취미: 운동 / 요리 / 악기 / 미술 / 명상 가정살림: 육아 / 자녀교육 / 요리 / 살림 기타:
키워드	#

이루고 싶은 목표와 기간은?

이 영상을 보는 목적은?

기억해야 할 사항이나 새롭게 배운 것은?

오늘 느낀 것, 배운 것을 활용할 수 있는 방법 3가지는?

....

....

....

....

....

....

....

....

....

목표를 수치화하기

• 어제보다 오늘 더 나아졌다고 느끼는가?

① ② ③ ④ ⑤ ⑥ ⑦ ⑧ ⑨ ⑩

• 목표에 얼마나 다가갔다고 생각하는가?

① ② ③ ④ ⑤ ⑥ ⑦ ⑧ ⑨ ⑩

시청일자	년 월 일 요일
채널 이름	
영상 제목	
분야	경제 경영: 재테크 / N잡 / 부업 / 창업 자기계발: 독서 / 동기부여 / 시험 준비 / 자격증 / 외국어 공부 건강 취미: 운동 / 요리 / 악기 / 미술 / 명상 가정살림: 육아 / 자녀교육 / 요리 / 살림 기타:
키워드	#

이루고 싶은 목표와 기간은?

이 영상을 보는 목적은?

기억해야 할 사항이나 새롭게 배운 것은?

오늘 느낀 것, 배운 것을 활용할 수 있는 방법 3가지는?

....

....

....

....

....

....

....

....

....

목표를 수치화하기

• 어제보다 오늘 더 나아졌다고 느끼는가?

①②③④⑤⑥⑦⑧⑨⑩

• 목표에 얼마나 다가갔다고 생각하는가?

①②③④⑤⑥⑦⑧⑨⑩

시청일자	년 월 일 요일
채널 이름	
영상 제목	
분야	경제 경영: 재테크 / N잡 / 부업 / 창업 자기계발: 독서 / 동기부여 / 시험 준비 / 자격증 / 외국어 공부 건강 취미: 운동 / 요리 / 악기 / 미술 / 명상 가정살림: 육아 / 자녀교육 / 요리 / 살림 기타:
키워드	#

이루고 싶은 목표와 기간은?

이 영상을 보는 목적은?

기억해야 할 사항이나 새롭게 배운 것은?

오늘 느낀 것, 배운 것을 활용할 수 있는 방법 3가지는?

....

....

....

....

....

....

....

....

....

....

목표를 수치화하기

• 어제보다 오늘 더 나아졌다고 느끼는가?

① ② ③ ④ ⑤ ⑥ ⑦ ⑧ ⑨ ⑩

• 목표에 얼마나 다가갔다고 생각하는가?

① ② ③ ④ ⑤ ⑥ ⑦ ⑧ ⑨ ⑩

시청일자	년 월 일 요일
채널 이름	
영상 제목	
분야	경제 경영: 재테크 / N잡 / 부업 / 창업 자기계발: 독서 / 동기부여 / 시험 준비 / 자격증 / 외국어 공부 건강 취미: 운동 / 요리 / 악기 / 미술 / 명상 가정살림: 육아 / 자녀교육 / 요리 / 살림 기타:
키워드	#

이루고 싶은 목표와 기간은?

....

이 영상을 보는 목적은?

....

기억해야 할 사항이나 새롭게 배운 것은?

....

....

....

....

....

오늘 느낀 것, 배운 것을 활용할 수 있는 방법 3가지는?

....

....

....

....

....

....

....

....

....

목표를 수치화하기

• 어제보다 오늘 더 나아졌다고 느끼는가?

① ② ③ ④ ⑤ ⑥ ⑦ ⑧ ⑨ ⑩

• 목표에 얼마나 다가갔다고 생각하는가?

① ② ③ ④ ⑤ ⑥ ⑦ ⑧ ⑨ ⑩

시청일자	년 월 일 요일
채널 이름	
영상 제목	
분야	경제 경영: 재테크 / N잡 / 부업 / 창업 자기계발: 독서 / 동기부여 / 시험 준비 / 자격증 / 외국어 공부 건강 취미: 운동 / 요리 / 악기 / 미술 / 명상 가정살림: 육아 / 자녀교육 / 요리 / 살림 기타:
키워드	#

이루고 싶은 목표와 기간은?

....

이 영상을 보는 목적은?

....

기억해야 할 사항이나 새롭게 배운 것은?

....
....
....
....
....

오늘 느낀 것, 배운 것을 활용할 수 있는 방법 3가지는?

....

....

....

....

....

....

....

....

....

목표를 수치화하기

· 어제보다 오늘 더 나아졌다고 느끼는가?

① ② ③ ④ ⑤ ⑥ ⑦ ⑧ ⑨ ⑩

· 목표에 얼마나 다가갔다고 생각하는가?

① ② ③ ④ ⑤ ⑥ ⑦ ⑧ ⑨ ⑩

시청일자	년 월 일 요일
채널 이름	
영상 제목	
분야	경제 경영: 재테크 / N잡 / 부업 / 창업 자기계발: 독서 / 동기부여 / 시험 준비 / 자격증 / 외국어 공부 건강 취미: 운동 / 요리 / 악기 / 미술 / 명상 가정살림: 육아 / 자녀교육 / 요리 / 살림 기타:
키워드	#

이루고 싶은 목표와 기간은?

이 영상을 보는 목적은?

기억해야 할 사항이나 새롭게 배운 것은?

오늘 느낀 것, 배운 것을 활용할 수 있는 방법 3가지는?

....

....

....

....

....

....

....

....

....

목표를 수치화하기

• 어제보다 오늘 더 나아졌다고 느끼는가?

① ② ③ ④ ⑤ ⑥ ⑦ ⑧ ⑨ ⑩

• 목표에 얼마나 다가갔다고 생각하는가?

① ② ③ ④ ⑤ ⑥ ⑦ ⑧ ⑨ ⑩

시청일자	년 월 일 요일
채널 이름	
영상 제목	
분야	경제 경영: 재테크 / N잡 / 부업 / 창업 자기계발: 독서 / 동기부여 / 시험 준비 / 자격증 / 외국어 공부 건강 취미: 운동 / 요리 / 악기 / 미술 / 명상 가정살림: 육아 / 자녀교육 / 요리 / 살림 기타:
키워드	#

이루고 싶은 목표와 기간은?

이 영상을 보는 목적은?

기억해야 할 사항이나 새롭게 배운 것은?

오늘 느낀 것, 배운 것을 활용할 수 있는 방법 3가지는?

....

....

....

....

....

....

....

....

....

목표를 수치화하기

• 어제보다 오늘 더 나아졌다고 느끼는가?

①②③④⑤⑥⑦⑧⑨⑩

• 목표에 얼마나 다가갔다고 생각하는가?

①②③④⑤⑥⑦⑧⑨⑩

시청일자	년 월 일 요일
채널 이름	
영상 제목	
분야	경제 경영: 재테크 / N잡 / 부업 / 창업 자기계발: 독서 / 동기부여 / 시험 준비 / 자격증 / 외국어 공부 건강 취미: 운동 / 요리 / 악기 / 미술 / 명상 가정살림: 육아 / 자녀교육 / 요리 / 살림 기타:
키워드	#

이루고 싶은 목표와 기간은?

이 영상을 보는 목적은?

기억해야 할 사항이나 새롭게 배운 것은?

오늘 느낀 것, 배운 것을 활용할 수 있는 방법 3가지는?

....

....

....

....

....

....

....

....

....

목표를 수치화하기

• 어제보다 오늘 더 나아졌다고 느끼는가?

①②③④⑤⑥⑦⑧⑨⑩

• 목표에 얼마나 다가갔다고 생각하는가?

①②③④⑤⑥⑦⑧⑨⑩

시청일자	년 월 일 요일
채널 이름	
영상 제목	
분야	경제 경영: 재테크 / N잡 / 부업 / 창업 자기계발: 독서 / 동기부여 / 시험 준비 / 자격증 / 외국어 공부 건강 취미: 운동 / 요리 / 악기 / 미술 / 명상 가정살림: 육아 / 자녀교육 / 요리 / 살림 기타:
키워드	#

이루고 싶은 목표와 기간은?

....

이 영상을 보는 목적은?

....

기억해야 할 사항이나 새롭게 배운 것은?

....
....
....
....
....

오늘 느낀 것, 배운 것을 활용할 수 있는 방법 3가지는?

....
....
....
....
....
....
....
....
....

목표를 수치화하기

• 어제보다 오늘 더 나아졌다고 느끼는가?

①②③④⑤⑥⑦⑧⑨⑩

• 목표에 얼마나 다가갔다고 생각하는가?

①②③④⑤⑥⑦⑧⑨⑩

시청일자	년 월 일 요일
채널 이름	
영상 제목	
분야	경제 경영: 재테크 / N잡 / 부업 / 창업 자기계발: 독서 / 동기부여 / 시험 준비 / 자격증 / 외국어 공부 건강 취미: 운동 / 요리 / 악기 / 미술 / 명상 가정살림: 육아 / 자녀교육 / 요리 / 살림 기타:
키워드	#

이루고 싶은 목표와 기간은?

이 영상을 보는 목적은?

기억해야 할 사항이나 새롭게 배운 것은?

오늘 느낀 것, 배운 것을 활용할 수 있는 방법 3가지는?

....

....

....

....

....

....

....

....

....

목표를 수치화하기

• 어제보다 오늘 더 나아졌다고 느끼는가?

① ② ③ ④ ⑤ ⑥ ⑦ ⑧ ⑨ ⑩

• 목표에 얼마나 다가갔다고 생각하는가?

① ② ③ ④ ⑤ ⑥ ⑦ ⑧ ⑨ ⑩

시청일자	년 월 일 요일
채널 이름	
영상 제목	
분야	경제 경영: 재테크 / N잡 / 부업 / 창업 자기계발: 독서 / 동기부여 / 시험 준비 / 자격증 / 외국어 공부 건강 취미: 운동 / 요리 / 악기 / 미술 / 명상 가정살림: 육아 / 자녀교육 / 요리 / 살림 기타:
키워드	#

이루고 싶은 목표와 기간은?

이 영상을 보는 목적은?

기억해야 할 사항이나 새롭게 배운 것은?

오늘 느낀 것, 배운 것을 활용할 수 있는 방법 3가지는?

....

....

....

....

....

....

....

....

....

목표를 수치화하기

• 어제보다 오늘 더 나아졌다고 느끼는가?

① ② ③ ④ ⑤ ⑥ ⑦ ⑧ ⑨ ⑩

• 목표에 얼마나 다가갔다고 생각하는가?

① ② ③ ④ ⑤ ⑥ ⑦ ⑧ ⑨ ⑩

시청일자	년 월 일 요일
채널 이름	
영상 제목	
분야	경제 경영: 재테크 / N잡 / 부업 / 창업 자기계발: 독서 / 동기부여 / 시험 준비 / 자격증 / 외국어 공부 건강 취미: 운동 / 요리 / 악기 / 미술 / 명상 가정살림: 육아 / 자녀교육 / 요리 / 살림 기타:
키워드	#

이루고 싶은 목표와 기간은?

....

이 영상을 보는 목적은?

....

기억해야 할 사항이나 새롭게 배운 것은?

....

....

....

....

....

오늘 느낀 것, 배운 것을 활용할 수 있는 방법 3가지는?

....

....

....

....

....

....

....

....

....

목표를 수치화하기

- 어제보다 오늘 더 나아졌다고 느끼는가?

①②③④⑤⑥⑦⑧⑨⑩

- 목표에 얼마나 다가갔다고 생각하는가?

①②③④⑤⑥⑦⑧⑨⑩

시청일자	년 월 일 요일
채널 이름	
영상 제목	
분야	경제 경영: 재테크 / N잡 / 부업 / 창업 자기계발: 독서 / 동기부여 / 시험 준비 / 자격증 / 외국어 공부 건강 취미: 운동 / 요리 / 악기 / 미술 / 명상 가정살림: 육아 / 자녀교육 / 요리 / 살림 기타:
키워드	#

이루고 싶은 목표와 기간은?

이 영상을 보는 목적은?

기억해야 할 사항이나 새롭게 배운 것은?

....

....

....

....

....

....

....

....

....

....

목표를 수치화하기

- 어제보다 오늘 더 나아졌다고 느끼는가?

① ② ③ ④ ⑤ ⑥ ⑦ ⑧ ⑨ ⑩

- 목표에 얼마나 다가갔다고 생각하는가?

① ② ③ ④ ⑤ ⑥ ⑦ ⑧ ⑨ ⑩

시청일자	년 월 일 요일
채널 이름	
영상 제목	
분야	경제 경영: 재테크 / N잡 / 부업 / 창업 자기계발: 독서 / 동기부여 / 시험 준비 / 자격증 / 외국어 공부 건강 취미: 운동 / 요리 / 악기 / 미술 / 명상 가정살림: 육아 / 자녀교육 / 요리 / 살림 기타:
키워드	#

이루고 싶은 목표와 기간은?

이 영상을 보는 목적은?

기억해야 할 사항이나 새롭게 배운 것은?

오늘 느낀 것, 배운 것을 활용할 수 있는 방법 3가지는?

목표를 수치화하기

- 어제보다 오늘 더 나아졌다고 느끼는가?

① ② ③ ④ ⑤ ⑥ ⑦ ⑧ ⑨ ⑩

- 목표에 얼마나 다가갔다고 생각하는가?

① ② ③ ④ ⑤ ⑥ ⑦ ⑧ ⑨ ⑩

시청일자	년　　월　　일　　요일
채널 이름	
영상 제목	
분야	경제 경영: 재테크 / N잡 / 부업 / 창업 자기계발: 독서 / 동기부여 / 시험 준비 / 자격증 / 외국어 공부 건강 취미: 운동 / 요리 / 악기 / 미술 / 명상 가정살림: 육아 / 자녀교육 / 요리 / 살림 기타:
키워드	#

이루고 싶은 목표와 기간은?

이 영상을 보는 목적은?

기억해야 할 사항이나 새롭게 배운 것은?

오늘 느낀 것, 배운 것을 활용할 수 있는 방법 3가지는?

....

....

....

....

....

....

....

....

....

목표를 수치화하기

• 어제보다 오늘 더 나아졌다고 느끼는가?

① ② ③ ④ ⑤ ⑥ ⑦ ⑧ ⑨ ⑩

• 목표에 얼마나 다가갔다고 생각하는가?

① ② ③ ④ ⑤ ⑥ ⑦ ⑧ ⑨ ⑩

시청일자	년 월 일 요일
채널 이름	
영상 제목	
분야	경제 경영: 재테크 / N잡 / 부업 / 창업 자기계발: 독서 / 동기부여 / 시험 준비 / 자격증 / 외국어 공부 건강 취미: 운동 / 요리 / 악기 / 미술 / 명상 가정살림: 육아 / 자녀교육 / 요리 / 살림 기타:
키워드	#

이루고 싶은 목표와 기간은?

이 영상을 보는 목적은?

기억해야 할 사항이나 새롭게 배운 것은?

오늘 느낀 것, 배운 것을 활용할 수 있는 방법 3가지는?

목표를 수치화하기

- 어제보다 오늘 더 나아졌다고 느끼는가?

①②③④⑤⑥⑦⑧⑨⑩

- 목표에 얼마나 다가갔다고 생각하는가?

①②③④⑤⑥⑦⑧⑨⑩

시청일자	년 월 일 요일
채널 이름	
영상 제목	
분야	경제 경영: 재테크 / N잡 / 부업 / 창업 자기계발: 독서 / 동기부여 / 시험 준비 / 자격증 / 외국어 공부 건강 취미: 운동 / 요리 / 악기 / 미술 / 명상 가정살림: 육아 / 자녀교육 / 요리 / 살림 기타:
키워드	#

이루고 싶은 목표와 기간은?

이 영상을 보는 목적은?

기억해야 할 사항이나 새롭게 배운 것은?

오늘 느낀 것, 배운 것을 활용할 수 있는 방법 3가지는?

....

....

....

....

....

....

....

....

....

목표를 수치화하기

• 어제보다 오늘 더 나아졌다고 느끼는가?

①②③④⑤⑥⑦⑧⑨⑩

• 목표에 얼마나 다가갔다고 생각하는가?

①②③④⑤⑥⑦⑧⑨⑩

시청일자	년 월 일 요일
채널 이름	
영상 제목	
분야	경제 경영: 재테크 / N잡 / 부업 / 창업 자기계발: 독서 / 동기부여 / 시험 준비 / 자격증 / 외국어 공부 건강 취미: 운동 / 요리 / 악기 / 미술 / 명상 가정살림: 육아 / 자녀교육 / 요리 / 살림 기타:
키워드	#

이루고 싶은 목표와 기간은?

이 영상을 보는 목적은?

기억해야 할 사항이나 새롭게 배운 것은?

오늘 느낀 것, 배운 것을 활용할 수 있는 방법 3가지는?

....

....

....

....

....

....

....

....

....

목표를 수치화하기

- 어제보다 오늘 더 나아졌다고 느끼는가?

① ② ③ ④ ⑤ ⑥ ⑦ ⑧ ⑨ ⑩

- 목표에 얼마나 다가갔다고 생각하는가?

① ② ③ ④ ⑤ ⑥ ⑦ ⑧ ⑨ ⑩

시청일자	년 월 일 요일
채널 이름	
영상 제목	
분야	경제 경영: 재테크 / N잡 / 부업 / 창업 자기계발: 독서 / 동기부여 / 시험 준비 / 자격증 / 외국어 공부 건강 취미: 운동 / 요리 / 악기 / 미술 / 명상 가정살림: 육아 / 자녀교육 / 요리 / 살림 기타:
키워드	#

이루고 싶은 목표와 기간은?

이 영상을 보는 목적은?

기억해야 할 사항이나 새롭게 배운 것은?

오늘 느낀 것, 배운 것을 활용할 수 있는 방법 3가지는?

....

....

....

....

....

....

....

....

....

....

목표를 수치화하기

- 어제보다 오늘 더 나아졌다고 느끼는가?

  ① ② ③ ④ ⑤ ⑥ ⑦ ⑧ ⑨ ⑩

- 목표에 얼마나 다가갔다고 생각하는가?

  ① ② ③ ④ ⑤ ⑥ ⑦ ⑧ ⑨ ⑩

시청일자	년 월 일 요일
채널 이름	
영상 제목	
분야	경제 경영: 재테크 / N잡 / 부업 / 창업 자기계발: 독서 / 동기부여 / 시험 준비 / 자격증 / 외국어 공부 건강 취미: 운동 / 요리 / 악기 / 미술 / 명상 가정살림: 육아 / 자녀교육 / 요리 / 살림 기타:
키워드	#

이루고 싶은 목표와 기간은?

....

이 영상을 보는 목적은?

....

기억해야 할 사항이나 새롭게 배운 것은?

....

....

....

....

....

오늘 느낀 것, 배운 것을 활용할 수 있는 방법 3가지는?

....

....

....

....

....

....

....

....

....

....

목표를 수치화하기

• 어제보다 오늘 더 나아졌다고 느끼는가?

①②③④⑤⑥⑦⑧⑨⑩

• 목표에 얼마나 다가갔다고 생각하는가?

①②③④⑤⑥⑦⑧⑨⑩

시청일자	년 월 일 요일
채널 이름	
영상 제목	
분야	경제 경영: 재테크 / N잡 / 부업 / 창업 자기계발: 독서 / 동기부여 / 시험 준비 / 자격증 / 외국어 공부 건강 취미: 운동 / 요리 / 악기 / 미술 / 명상 가정살림: 육아 / 자녀교육 / 요리 / 살림 기타:
키워드	#

이루고 싶은 목표와 기간은?

....

이 영상을 보는 목적은?

....

기억해야 할 사항이나 새롭게 배운 것은?

....

....

....

....

....

오늘 느낀 것, 배운 것을 활용할 수 있는 방법 3가지는?

....

....

....

....

....

....

....

....

....

목표를 수치화하기

• 어제보다 오늘 더 나아졌다고 느끼는가?

① ② ③ ④ ⑤ ⑥ ⑦ ⑧ ⑨ ⑩

• 목표에 얼마나 다가갔다고 생각하는가?

① ② ③ ④ ⑤ ⑥ ⑦ ⑧ ⑨ ⑩

시청일자	년 월 일 요일
채널 이름	
영상 제목	
분야	경제 경영: 재테크 / N잡 / 부업 / 창업 자기계발: 독서 / 동기부여 / 시험 준비 / 자격증 / 외국어 공부 건강 취미: 운동 / 요리 / 악기 / 미술 / 명상 가정살림: 육아 / 자녀교육 / 요리 / 살림 기타:
키워드	#

이루고 싶은 목표와 기간은?

....

이 영상을 보는 목적은?

....

기억해야 할 사항이나 새롭게 배운 것은?

....

....

....

....

....

오늘 느낀 것, 배운 것을 활용할 수 있는 방법 3가지는?

목표를 수치화하기

• 어제보다 오늘 더 나아졌다고 느끼는가?

①②③④⑤⑥⑦⑧⑨⑩

• 목표에 얼마나 다가갔다고 생각하는가?

①②③④⑤⑥⑦⑧⑨⑩

시청일자	년 월 일 요일
채널 이름	
영상 제목	
분야	경제 경영: 재테크 / N잡 / 부업 / 창업 자기계발: 독서 / 동기부여 / 시험 준비 / 자격증 / 외국어 공부 건강 취미: 운동 / 요리 / 악기 / 미술 / 명상 가정살림: 육아 / 자녀교육 / 요리 / 살림 기타:
키워드	#

이루고 싶은 목표와 기간은?

이 영상을 보는 목적은?

기억해야 할 사항이나 새롭게 배운 것은?

오늘 느낀 것, 배운 것을 활용할 수 있는 방법 3가지는?

....
....
....
....
....
....
....
....
....
....

목표를 수치화하기

• 어제보다 오늘 더 나아졌다고 느끼는가?

①②③④⑤⑥⑦⑧⑨⑩

• 목표에 얼마나 다가갔다고 생각하는가?

①②③④⑤⑥⑦⑧⑨⑩

시청일자	년 월 일 요일
채널 이름	
영상 제목	
분야	경제 경영: 재테크 / N잡 / 부업 / 창업 자기계발: 독서 / 동기부여 / 시험 준비 / 자격증 / 외국어 공부 건강 취미: 운동 / 요리 / 악기 / 미술 / 명상 가정살림: 육아 / 자녀교육 / 요리 / 살림 기타:
키워드	#

이루고 싶은 목표와 기간은?

이 영상을 보는 목적은?

기억해야 할 사항이나 새롭게 배운 것은?

136

오늘 느낀 것, 배운 것을 활용할 수 있는 방법 3가지는?

....

....

....

....

....

....

....

....

....

....

목표를 수치화하기

• 어제보다 오늘 더 나아졌다고 느끼는가?

① ② ③ ④ ⑤ ⑥ ⑦ ⑧ ⑨ ⑩

• 목표에 얼마나 다가갔다고 생각하는가?

① ② ③ ④ ⑤ ⑥ ⑦ ⑧ ⑨ ⑩

시청일자	년 월 일 요일
채널 이름	
영상 제목	
분야	경제 경영: 재테크 / N잡 / 부업 / 창업 자기계발: 독서 / 동기부여 / 시험 준비 / 자격증 / 외국어 공부 건강 취미: 운동 / 요리 / 악기 / 미술 / 명상 가정살림: 육아 / 자녀교육 / 요리 / 살림 기타:
키워드	#

이루고 싶은 목표와 기간은?

....

이 영상을 보는 목적은?

....

기억해야 할 사항이나 새롭게 배운 것은?

....

....

....

....

....

오늘 느낀 것, 배운 것을 활용할 수 있는 방법 3가지는?

....

....

....

....

....

....

....

....

....

목표를 수치화하기

• 어제보다 오늘 더 나아졌다고 느끼는가?

①②③④⑤⑥⑦⑧⑨⑩

• 목표에 얼마나 다가갔다고 생각하는가?

①②③④⑤⑥⑦⑧⑨⑩

시청일자	년 월 일 요일
채널 이름	
영상 제목	
분야	경제 경영: 재테크 / N잡 / 부업 / 창업 자기계발: 독서 / 동기부여 / 시험 준비 / 자격증 / 외국어 공부 건강 취미: 운동 / 요리 / 악기 / 미술 / 명상 가정살림: 육아 / 자녀교육 / 요리 / 살림 기타:
키워드	#

이루고 싶은 목표와 기간은?

이 영상을 보는 목적은?

기억해야 할 사항이나 새롭게 배운 것은?

오늘 느낀 것, 배운 것을 활용할 수 있는 방법 3가지는?

....

....

....

....

....

....

....

....

....

목표를 수치화하기

• 어제보다 오늘 더 나아졌다고 느끼는가?

① ② ③ ④ ⑤ ⑥ ⑦ ⑧ ⑨ ⑩

• 목표에 얼마나 다가갔다고 생각하는가?

① ② ③ ④ ⑤ ⑥ ⑦ ⑧ ⑨ ⑩

시청일자	년 월 일 요일
채널 이름	
영상 제목	
분야	경제 경영: 재테크 / N잡 / 부업 / 창업 자기계발: 독서 / 동기부여 / 시험 준비 / 자격증 / 외국어 공부 건강 취미: 운동 / 요리 / 악기 / 미술 / 명상 가정살림: 육아 / 자녀교육 / 요리 / 살림 기타:
키워드	#

이루고 싶은 목표와 기간은?

....

이 영상을 보는 목적은?

....

기억해야 할 사항이나 새롭게 배운 것은?

....
....
....
....
....

오늘 느낀 것, 배운 것을 활용할 수 있는 방법 3가지는?

....

....

....

....

....

....

....

....

....

목표를 수치화하기

• 어제보다 오늘 더 나아졌다고 느끼는가?

① ② ③ ④ ⑤ ⑥ ⑦ ⑧ ⑨ ⑩

• 목표에 얼마나 다가갔다고 생각하는가?

① ② ③ ④ ⑤ ⑥ ⑦ ⑧ ⑨ ⑩

시청일자	년 월 일 요일
채널 이름	
영상 제목	
분야	경제 경영: 재테크 / N잡 / 부업 / 창업 자기계발: 독서 / 동기부여 / 시험 준비 / 자격증 / 외국어 공부 건강 취미: 운동 / 요리 / 악기 / 미술 / 명상 가정살림: 육아 / 자녀교육 / 요리 / 살림 기타:
키워드	#

이루고 싶은 목표와 기간은?

이 영상을 보는 목적은?

기억해야 할 사항이나 새롭게 배운 것은?

오늘 느낀 것, 배운 것을 활용할 수 있는 방법 3가지는?

....

....

....

....

....

....

....

....

....

....

목표를 수치화하기

• 어제보다 오늘 더 나아졌다고 느끼는가?

① ② ③ ④ ⑤ ⑥ ⑦ ⑧ ⑨ ⑩

• 목표에 얼마나 다가갔다고 생각하는가?

① ② ③ ④ ⑤ ⑥ ⑦ ⑧ ⑨ ⑩

시청일자	년 월 일 요일
채널 이름	
영상 제목	
분야	경제 경영: 재테크 / N잡 / 부업 / 창업 자기계발: 독서 / 동기부여 / 시험 준비 / 자격증 / 외국어 공부 건강 취미: 운동 / 요리 / 악기 / 미술 / 명상 가정살림: 육아 / 자녀교육 / 요리 / 살림 기타:
키워드	#

이루고 싶은 목표와 기간은?

....

이 영상을 보는 목적은?

....

기억해야 할 사항이나 새롭게 배운 것은?

....

....

....

....

....

오늘 느낀 것, 배운 것을 활용할 수 있는 방법 3가지는?

....

....

....

....

....

....

....

....

....

....

목표를 수치화하기

• 어제보다 오늘 더 나아졌다고 느끼는가?

① ② ③ ④ ⑤ ⑥ ⑦ ⑧ ⑨ ⑩

• 목표에 얼마나 다가갔다고 생각하는가?

① ② ③ ④ ⑤ ⑥ ⑦ ⑧ ⑨ ⑩

시청일자	년 월 일 요일
채널 이름	
영상 제목	
분야	경제 경영: 재테크 / N잡 / 부업 / 창업 자기계발: 독서 / 동기부여 / 시험 준비 / 자격증 / 외국어 공부 건강 취미: 운동 / 요리 / 악기 / 미술 / 명상 가정살림: 육아 / 자녀교육 / 요리 / 살림 기타:
키워드	#

이루고 싶은 목표와 기간은?

....

이 영상을 보는 목적은?

....

기억해야 할 사항이나 새롭게 배운 것은?

....
....
....
....
....

오늘 느낀 것, 배운 것을 활용할 수 있는 방법 3가지는?

....

....

....

....

....

....

....

....

....

목표를 수치화하기

• 어제보다 오늘 더 나아졌다고 느끼는가?

① ② ③ ④ ⑤ ⑥ ⑦ ⑧ ⑨ ⑩

• 목표에 얼마나 다가갔다고 생각하는가?

① ② ③ ④ ⑤ ⑥ ⑦ ⑧ ⑨ ⑩

시청일자	년 월 일 요일
채널 이름	
영상 제목	
분야	경제 경영: 재테크 / N잡 / 부업 / 창업 자기계발: 독서 / 동기부여 / 시험 준비 / 자격증 / 외국어 공부 건강 취미: 운동 / 요리 / 악기 / 미술 / 명상 가정살림: 육아 / 자녀교육 / 요리 / 살림 기타:
키워드	#

이루고 싶은 목표와 기간은?

이 영상을 보는 목적은?

기억해야 할 사항이나 새롭게 배운 것은?

오늘 느낀 것, 배운 것을 활용할 수 있는 방법 3가지는?

....

....

....

....

....

....

....

....

....

목표를 수치화하기

• 어제보다 오늘 더 나아졌다고 느끼는가?

①②③④⑤⑥⑦⑧⑨⑩

• 목표에 얼마나 다가갔다고 생각하는가?

①②③④⑤⑥⑦⑧⑨⑩

시청일자	년 월 일 요일
채널 이름	
영상 제목	
분야	경제 경영: 재테크 / N잡 / 부업 / 창업 자기계발: 독서 / 동기부여 / 시험 준비 / 자격증 / 외국어 공부 건강 취미: 운동 / 요리 / 악기 / 미술 / 명상 가정살림: 육아 / 자녀교육 / 요리 / 살림 기타:
키워드	#

이루고 싶은 목표와 기간은?

....

이 영상을 보는 목적은?

....

기억해야 할 사항이나 새롭게 배운 것은?

....

....

....

....

....

오늘 느낀 것, 배운 것을 활용할 수 있는 방법 3가지는?

....

....

....

....

....

....

....

....

....

목표를 수치화하기

• 어제보다 오늘 더 나아졌다고 느끼는가?

① ② ③ ④ ⑤ ⑥ ⑦ ⑧ ⑨ ⑩

• 목표에 얼마나 다가갔다고 생각하는가?

① ② ③ ④ ⑤ ⑥ ⑦ ⑧ ⑨ ⑩

시청일자	년 월 일 요일
채널 이름	
영상 제목	
분야	경제 경영: 재테크 / N잡 / 부업 / 창업 자기계발: 독서 / 동기부여 / 시험 준비 / 자격증 / 외국어 공부 건강 취미: 운동 / 요리 / 악기 / 미술 / 명상 가정살림: 육아 / 자녀교육 / 요리 / 살림 기타:
키워드	#

이루고 싶은 목표와 기간은?

....

이 영상을 보는 목적은?

....

기억해야 할 사항이나 새롭게 배운 것은?

....
....
....
....
....

오늘 느낀 것, 배운 것을 활용할 수 있는 방법 3가지는?

....

....

....

....

....

....

....

....

....

목표를 수치화하기

• 어제보다 오늘 더 나아졌다고 느끼는가?

①②③④⑤⑥⑦⑧⑨⑩

• 목표에 얼마나 다가갔다고 생각하는가?

①②③④⑤⑥⑦⑧⑨⑩

시청일자	년 월 일 요일
채널 이름	
영상 제목	
분야	경제 경영: 재테크 / N잡 / 부업 / 창업 자기계발: 독서 / 동기부여 / 시험 준비 / 자격증 / 외국어 공부 건강 취미: 운동 / 요리 / 악기 / 미술 / 명상 가정살림: 육아 / 자녀교육 / 요리 / 살림 기타:
키워드	#

이루고 싶은 목표와 기간은?

이 영상을 보는 목적은?

기억해야 할 사항이나 새롭게 배운 것은?

오늘 느낀 것, 배운 것을 활용할 수 있는 방법 3가지는?

....

....

....

....

....

....

....

....

....

목표를 수치화하기

• 어제보다 오늘 더 나아졌다고 느끼는가?

①②③④⑤⑥⑦⑧⑨⑩

• 목표에 얼마나 다가갔다고 생각하는가?

①②③④⑤⑥⑦⑧⑨⑩

시청일자	년 월 일 요일
채널 이름	
영상 제목	
분야	경제 경영: 재테크 / N잡 / 부업 / 창업 자기계발: 독서 / 동기부여 / 시험 준비 / 자격증 / 외국어 공부 건강 취미: 운동 / 요리 / 악기 / 미술 / 명상 가정살림: 육아 / 자녀교육 / 요리 / 살림 기타:
키워드	#

이루고 싶은 목표와 기간은?

이 영상을 보는 목적은?

기억해야 할 사항이나 새롭게 배운 것은?

오늘 느낀 것, 배운 것을 활용할 수 있는 방법 3가지는?

....

....

....

....

....

....

....

....

....

목표를 수치화하기

• 어제보다 오늘 더 나아졌다고 느끼는가?

① ② ③ ④ ⑤ ⑥ ⑦ ⑧ ⑨ ⑩

• 목표에 얼마나 다가갔다고 생각하는가?

① ② ③ ④ ⑤ ⑥ ⑦ ⑧ ⑨ ⑩

시청일자	년 월 일 요일
채널 이름	
영상 제목	
분야	경제 경영: 재테크 / N잡 / 부업 / 창업 자기계발: 독서 / 동기부여 / 시험 준비 / 자격증 / 외국어 공부 건강 취미: 운동 / 요리 / 악기 / 미술 / 명상 가정살림: 육아 / 자녀교육 / 요리 / 살림 기타:
키워드	#

이루고 싶은 목표와 기간은?

....

이 영상을 보는 목적은?

....

기억해야 할 사항이나 새롭게 배운 것은?

....

....

....

....

오늘 느낀 것, 배운 것을 활용할 수 있는 방법 3가지는?

....

....

....

....

....

....

....

....

....

목표를 수치화하기

- 어제보다 오늘 더 나아졌다고 느끼는가?

① ② ③ ④ ⑤ ⑥ ⑦ ⑧ ⑨ ⑩

- 목표에 얼마나 다가갔다고 생각하는가?

① ② ③ ④ ⑤ ⑥ ⑦ ⑧ ⑨ ⑩

시청일자	년 월 일 요일
채널 이름	
영상 제목	
분야	경제 경영: 재테크 / N잡 / 부업 / 창업 자기계발: 독서 / 동기부여 / 시험 준비 / 자격증 / 외국어 공부 건강 취미: 운동 / 요리 / 악기 / 미술 / 명상 가정살림: 육아 / 자녀교육 / 요리 / 살림 기타:
키워드	#

이루고 싶은 목표와 기간은?

이 영상을 보는 목적은?

기억해야 할 사항이나 새롭게 배운 것은?

오늘 느낀 것, 배운 것을 활용할 수 있는 방법 3가지는?

....

....

....

....

....

....

....

....

목표를 수치화하기

• 어제보다 오늘 더 나아졌다고 느끼는가?

① ② ③ ④ ⑤ ⑥ ⑦ ⑧ ⑨ ⑩

• 목표에 얼마나 다가갔다고 생각하는가?

① ② ③ ④ ⑤ ⑥ ⑦ ⑧ ⑨ ⑩

시청일자	년 월 일 요일
채널 이름	
영상 제목	
분야	경제 경영: 재테크 / N잡 / 부업 / 창업 자기계발: 독서 / 동기부여 / 시험 준비 / 자격증 / 외국어 공부 건강 취미: 운동 / 요리 / 악기 / 미술 / 명상 가정살림: 육아 / 자녀교육 / 요리 / 살림 기타:
키워드	#

이루고 싶은 목표와 기간은?

....

이 영상을 보는 목적은?

....

기억해야 할 사항이나 새롭게 배운 것은?

....

....

....

....

....

오늘 느낀 것, 배운 것을 활용할 수 있는 방법 3가지는?

....

....

....

....

....

....

....

....

....

....

목표를 수치화하기

• 어제보다 오늘 더 나아졌다고 느끼는가?

① ② ③ ④ ⑤ ⑥ ⑦ ⑧ ⑨ ⑩

• 목표에 얼마나 다가갔다고 생각하는가?

① ② ③ ④ ⑤ ⑥ ⑦ ⑧ ⑨ ⑩

시청일자	년 월 일 요일
채널 이름	
영상 제목	
분야	경제 경영: 재테크 / N잡 / 부업 / 창업 자기계발: 독서 / 동기부여 / 시험 준비 / 자격증 / 외국어 공부 건강 취미: 운동 / 요리 / 악기 / 미술 / 명상 가정살림: 육아 / 자녀교육 / 요리 / 살림 기타:
키워드	#

이루고 싶은 목표와 기간은?

이 영상을 보는 목적은?

기억해야 할 사항이나 새롭게 배운 것은?

오늘 느낀 것, 배운 것을 활용할 수 있는 방법 3가지는?

....

....

....

....

....

....

....

....

....

목표를 수치화하기

• 어제보다 오늘 더 나아졌다고 느끼는가?

① ② ③ ④ ⑤ ⑥ ⑦ ⑧ ⑨ ⑩

• 목표에 얼마나 다가갔다고 생각하는가?

① ② ③ ④ ⑤ ⑥ ⑦ ⑧ ⑨ ⑩

시청일자	년 월 일 요일
채널 이름	
영상 제목	
분야	경제 경영: 재테크 / N잡 / 부업 / 창업 자기계발: 독서 / 동기부여 / 시험 준비 / 자격증 / 외국어 공부 건강 취미: 운동 / 요리 / 악기 / 미술 / 명상 가정살림: 육아 / 자녀교육 / 요리 / 살림 기타:
키워드	#

이루고 싶은 목표와 기간은?

이 영상을 보는 목적은?

기억해야 할 사항이나 새롭게 배운 것은?

오늘 느낀 것, 배운 것을 활용할 수 있는 방법 3가지는?

....

....

....

....

....

....

....

....

....

목표를 수치화하기

• 어제보다 오늘 더 나아졌다고 느끼는가?

① ② ③ ④ ⑤ ⑥ ⑦ ⑧ ⑨ ⑩

• 목표에 얼마나 다가갔다고 생각하는가?

① ② ③ ④ ⑤ ⑥ ⑦ ⑧ ⑨ ⑩

시청일자	년 월 일 요일
채널 이름	
영상 제목	
분야	경제 경영: 재테크 / N잡 / 부업 / 창업 자기계발: 독서 / 동기부여 / 시험 준비 / 자격증 / 외국어 공부 건강 취미: 운동 / 요리 / 악기 / 미술 / 명상 가정살림: 육아 / 자녀교육 / 요리 / 살림 기타:
키워드	#

이루고 싶은 목표와 기간은?

이 영상을 보는 목적은?

기억해야 할 사항이나 새롭게 배운 것은?

오늘 느낀 것, 배운 것을 활용할 수 있는 방법 3가지는?

....
....
....
....
....
....
....
....
....

목표를 수치화하기

• 어제보다 오늘 더 나아졌다고 느끼는가?

①②③④⑤⑥⑦⑧⑨⑩

• 목표에 얼마나 다가갔다고 생각하는가?

①②③④⑤⑥⑦⑧⑨⑩

시청일자	년 월 일 요일
채널 이름	
영상 제목	
분야	경제 경영: 재테크 / N잡 / 부업 / 창업 자기계발: 독서 / 동기부여 / 시험 준비 / 자격증 / 외국어 공부 건강 취미: 운동 / 요리 / 악기 / 미술 / 명상 가정살림: 육아 / 자녀교육 / 요리 / 살림 기타:
키워드	#

이루고 싶은 목표와 기간은?

....

이 영상을 보는 목적은?

....

기억해야 할 사항이나 새롭게 배운 것은?

....

....

....

....

....

오늘 느낀 것, 배운 것을 활용할 수 있는 방법 3가지는?

....

....

....

....

....

....

....

....

....

목표를 수치화하기

• 어제보다 오늘 더 나아졌다고 느끼는가?

① ② ③ ④ ⑤ ⑥ ⑦ ⑧ ⑨ ⑩

• 목표에 얼마나 다가갔다고 생각하는가?

① ② ③ ④ ⑤ ⑥ ⑦ ⑧ ⑨ ⑩

시청일자	년 월 일 요일
채널 이름	
영상 제목	
분야	경제 경영: 재테크 / N잡 / 부업 / 창업 자기계발: 독서 / 동기부여 / 시험 준비 / 자격증 / 외국어 공부 건강 취미: 운동 / 요리 / 악기 / 미술 / 명상 가정살림: 육아 / 자녀교육 / 요리 / 살림 기타:
키워드	#

이루고 싶은 목표와 기간은?

....

이 영상을 보는 목적은?

....

기억해야 할 사항이나 새롭게 배운 것은?

....

....

....

....

....

오늘 느낀 것, 배운 것을 활용할 수 있는 방법 3가지는?

....

....

....

....

....

....

....

....

....

....

목표를 수치화하기

- 어제보다 오늘 더 나아졌다고 느끼는가?

①②③④⑤⑥⑦⑧⑨⑩

- 목표에 얼마나 다가갔다고 생각하는가?

①②③④⑤⑥⑦⑧⑨⑩

시청일자	년 월 일 요일
채널 이름	
영상 제목	
분야	경제 경영: 재테크 / N잡 / 부업 / 창업 자기계발: 독서 / 동기부여 / 시험 준비 / 자격증 / 외국어 공부 건강 취미: 운동 / 요리 / 악기 / 미술 / 명상 가정살림: 육아 / 자녀교육 / 요리 / 살림 기타:
키워드	#

이루고 싶은 목표와 기간은?

이 영상을 보는 목적은?

기억해야 할 사항이나 새롭게 배운 것은?

오늘 느낀 것, 배운 것을 활용할 수 있는 방법 3가지는?

....

....

....

....

....

....

....

....

....

목표를 수치화하기

• 어제보다 오늘 더 나아졌다고 느끼는가?

① ② ③ ④ ⑤ ⑥ ⑦ ⑧ ⑨ ⑩

• 목표에 얼마나 다가갔다고 생각하는가?

① ② ③ ④ ⑤ ⑥ ⑦ ⑧ ⑨ ⑩

시청일자	년 월 일 요일
채널 이름	
영상 제목	
분야	경제 경영: 재테크 / N잡 / 부업 / 창업 자기계발: 독서 / 동기부여 / 시험 준비 / 자격증 / 외국어 공부 건강 취미: 운동 / 요리 / 악기 / 미술 / 명상 가정살림: 육아 / 자녀교육 / 요리 / 살림 기타:
키워드	#

이루고 싶은 목표와 기간은?

이 영상을 보는 목적은?

기억해야 할 사항이나 새롭게 배운 것은?

오늘 느낀 것, 배운 것을 활용할 수 있는 방법 3가지는?

목표를 수치화하기

• 어제보다 오늘 더 나아졌다고 느끼는가?

①②③④⑤⑥⑦⑧⑨⑩

• 목표에 얼마나 다가갔다고 생각하는가?

①②③④⑤⑥⑦⑧⑨⑩

시청일자	년 월 일 요일
채널 이름	
영상 제목	
분야	경제 경영: 재테크 / N잡 / 부업 / 창업 자기계발: 독서 / 동기부여 / 시험 준비 / 자격증 / 외국어 공부 건강 취미: 운동 / 요리 / 악기 / 미술 / 명상 가정살림: 육아 / 자녀교육 / 요리 / 살림 기타:
키워드	#

이루고 싶은 목표와 기간은?

....

이 영상을 보는 목적은?

....

기억해야 할 사항이나 새롭게 배운 것은?

....

....

....

....

....

오늘 느낀 것, 배운 것을 활용할 수 있는 방법 3가지는?

....

....

....

....

....

....

....

....

....

목표를 수치화하기

• 어제보다 오늘 더 나아졌다고 느끼는가?

①②③④⑤⑥⑦⑧⑨⑩

• 목표에 얼마나 다가갔다고 생각하는가?

①②③④⑤⑥⑦⑧⑨⑩

시청일자	년 월 일 요일
채널 이름	
영상 제목	
분야	경제 경영: 재테크 / N잡 / 부업 / 창업 자기계발: 독서 / 동기부여 / 시험 준비 / 자격증 / 외국어 공부 건강 취미: 운동 / 요리 / 악기 / 미술 / 명상 가정살림: 육아 / 자녀교육 / 요리 / 살림 기타:
키워드	#

이루고 싶은 목표와 기간은?

이 영상을 보는 목적은?

기억해야 할 사항이나 새롭게 배운 것은?

오늘 느낀 것, 배운 것을 활용할 수 있는 방법 3가지는?

....

....

....

....

....

....

....

....

....

목표를 수치화하기

• 어제보다 오늘 더 나아졌다고 느끼는가?

①②③④⑤⑥⑦⑧⑨⑩

• 목표에 얼마나 다가갔다고 생각하는가?

①②③④⑤⑥⑦⑧⑨⑩

시청일자	년 월 일 요일
채널 이름	
영상 제목	
분야	경제 경영: 재테크 / N잡 / 부업 / 창업 자기계발: 독서 / 동기부여 / 시험 준비 / 자격증 / 외국어 공부 건강 취미: 운동 / 요리 / 악기 / 미술 / 명상 가정살림: 육아 / 자녀교육 / 요리 / 살림 기타:
키워드	#

이루고 싶은 목표와 기간은?

이 영상을 보는 목적은?

기억해야 할 사항이나 새롭게 배운 것은?

오늘 느낀 것, 배운 것을 활용할 수 있는 방법 3가지는?

....

....

....

....

....

....

....

....

....

목표를 수치화하기

• 어제보다 오늘 더 나아졌다고 느끼는가?

①②③④⑤⑥⑦⑧⑨⑩

• 목표에 얼마나 다가갔다고 생각하는가?

①②③④⑤⑥⑦⑧⑨⑩

시청일자	년 월 일 요일
채널 이름	
영상 제목	
분야	경제 경영: 재테크 / N잡 / 부업 / 창업 자기계발: 독서 / 동기부여 / 시험 준비 / 자격증 / 외국어 공부 건강 취미: 운동 / 요리 / 악기 / 미술 / 명상 가정살림: 육아 / 자녀교육 / 요리 / 살림 기타:
키워드	#

이루고 싶은 목표와 기간은?

이 영상을 보는 목적은?

기억해야 할 사항이나 새롭게 배운 것은?

오늘 느낀 것, 배운 것을 활용할 수 있는 방법 3가지는?

....

....

....

....

....

....

....

....

....

....

목표를 수치화하기

• 어제보다 오늘 더 나아졌다고 느끼는가?

① ② ③ ④ ⑤ ⑥ ⑦ ⑧ ⑨ ⑩

• 목표에 얼마나 다가갔다고 생각하는가?

① ② ③ ④ ⑤ ⑥ ⑦ ⑧ ⑨ ⑩

시청일자	년 월 일 요일
채널 이름	
영상 제목	
분야	경제 경영: 재테크 / N잡 / 부업 / 창업 자기계발: 독서 / 동기부여 / 시험 준비 / 자격증 / 외국어 공부 건강 취미: 운동 / 요리 / 악기 / 미술 / 명상 가정살림: 육아 / 자녀교육 / 요리 / 살림 기타:
키워드	#

이루고 싶은 목표와 기간은?

이 영상을 보는 목적은?

기억해야 할 사항이나 새롭게 배운 것은?

오늘 느낀 것, 배운 것을 활용할 수 있는 방법 3가지는?

....

....

....

....

....

....

....

....

....

목표를 수치화하기

• 어제보다 오늘 더 나아졌다고 느끼는가?

① ② ③ ④ ⑤ ⑥ ⑦ ⑧ ⑨ ⑩

• 목표에 얼마나 다가갔다고 생각하는가?

① ② ③ ④ ⑤ ⑥ ⑦ ⑧ ⑨ ⑩

시청일자	년 월 일 요일
채널 이름	
영상 제목	
분야	경제 경영: 재테크 / N잡 / 부업 / 창업 자기계발: 독서 / 동기부여 / 시험 준비 / 자격증 / 외국어 공부 건강 취미: 운동 / 요리 / 악기 / 미술 / 명상 가정살림: 육아 / 자녀교육 / 요리 / 살림 기타:
키워드	#

이루고 싶은 목표와 기간은?

....

이 영상을 보는 목적은?

....

기억해야 할 사항이나 새롭게 배운 것은?

....

....

....

....

....

오늘 느낀 것, 배운 것을 활용할 수 있는 방법 3가지는?

....

....

....

....

....

....

....

....

....

목표를 수치화하기

• 어제보다 오늘 더 나아졌다고 느끼는가?

① ② ③ ④ ⑤ ⑥ ⑦ ⑧ ⑨ ⑩

• 목표에 얼마나 다가갔다고 생각하는가?

① ② ③ ④ ⑤ ⑥ ⑦ ⑧ ⑨ ⑩

시청일자	년　월　일　요일
채널 이름	
영상 제목	
분야	경제 경영: 재테크 / N잡 / 부업 / 창업 자기계발: 독서 / 동기부여 / 시험 준비 / 자격증 / 외국어 공부 건강 취미: 운동 / 요리 / 악기 / 미술 / 명상 가정살림: 육아 / 자녀교육 / 요리 / 살림 기타:
키워드	#

이루고 싶은 목표와 기간은?

....

이 영상을 보는 목적은?

....

기억해야 할 사항이나 새롭게 배운 것은?

....

....

....

....

오늘 느낀 것, 배운 것을 활용할 수 있는 방법 3가지는?

....

....

....

....

....

....

....

....

....

목표를 수치화하기

• 어제보다 오늘 더 나아졌다고 느끼는가?

①②③④⑤⑥⑦⑧⑨⑩

• 목표에 얼마나 다가갔다고 생각하는가?

①②③④⑤⑥⑦⑧⑨⑩

시청일자	년 월 일 요일
채널 이름	
영상 제목	
분야	경제 경영: 재테크 / N잡 / 부업 / 창업 자기계발: 독서 / 동기부여 / 시험 준비 / 자격증 / 외국어 공부 건강 취미: 운동 / 요리 / 악기 / 미술 / 명상 가정살림: 육아 / 자녀교육 / 요리 / 살림 기타:
키워드	#

이루고 싶은 목표와 기간은?

....

이 영상을 보는 목적은?

....

기억해야 할 사항이나 새롭게 배운 것은?

....

....

....

....

오늘 느낀 것, 배운 것을 활용할 수 있는 방법 3가지는?

....

....

....

....

....

....

....

....

....

목표를 수치화하기

• 어제보다 오늘 더 나아졌다고 느끼는가?

①②③④⑤⑥⑦⑧⑨⑩

• 목표에 얼마나 다가갔다고 생각하는가?

①②③④⑤⑥⑦⑧⑨⑩

시청일자	년 월 일 요일
채널 이름	
영상 제목	
분야	경제 경영: 재테크 / N잡 / 부업 / 창업 자기계발: 독서 / 동기부여 / 시험 준비 / 자격증 / 외국어 공부 건강 취미: 운동 / 요리 / 악기 / 미술 / 명상 가정살림: 육아 / 자녀교육 / 요리 / 살림 기타:
키워드	#

이루고 싶은 목표와 기간은?

이 영상을 보는 목적은?

기억해야 할 사항이나 새롭게 배운 것은?

오늘 느낀 것, 배운 것을 활용할 수 있는 방법 3가지는?

··

··

··

··

··

··

··

··

··

목표를 수치화하기

• 어제보다 오늘 더 나아졌다고 느끼는가?

①②③④⑤⑥⑦⑧⑨⑩

• 목표에 얼마나 다가갔다고 생각하는가?

①②③④⑤⑥⑦⑧⑨⑩

1년 목표 한눈에 보기

월	
월	
월	
월	
월	
월	

월	
월	
월	
월	
월	
월	

강민형

유튜브랩 공동대표이자, 1인 크리에이터 자격증 출제위원이다. 유튜브 크리에이터를 꿈꾸고 유튜브 리터러시를 키우기 위해 유튜브 전문 교육채널 유튜브랩을 운영하면서 국내 글로벌 기업과 공공기관, 대학에서 직장인, 대학생들을 대상으로 활발하게 강연 활동을 펼치고 있다. 저서로 《유튜브 크리에이터 쉽게 시작하기》가 있다.

유튜브 기록장

1판 1쇄 발행 2020년 2월 20일

지은이 강민형
발행인 오영진 김진갑
발행처 (주)심야책방

책임편집 박수진
디자인 this-cover.com

출판등록 2013년 1월 25일 제2013-000028호
주소 서울시 마포구 월드컵북로5가길 12 서교빌딩 2층
전화 02-332-3310 팩스 02-332-7741
블로그 blog.naver.com/midnightbookstore
페이스북 www.facebook.com/tornadobook

ISBN 979-11-5873-161-8 (13190)

이 도서의 국립중앙도서관 출판예정도서목록(CIP)은 서지정보유통지원시스템 홈페이지(http://seoji.nl.go.kr)와 국가자료종합목록 구축시스템(http://kolis-net.nl.go.kr)에서 이용하실 수 있습니다.
(CIP제어번호: CIP2020001144)